APPRENDRE
LE CRÉOLE GUADELOUPÉEN

« Toute représentation ou reproduction, intégrale ou partielle, faite sans le consentement de l'auteur, ou de ses ayants droit ou ayants cause, est illicite (art. L122-4 du Code de la propriété intellectuelle). Cette représentation, ou reproduction, par quelque procédé que ce soit, constituerait une contrefaçon sanctionnée par l'article L 3345-2 du Code de la propriété intellectuelle ».

OBJECTIF LANGUES

APPRENDRE LE CRÉOLE GUADELOUPÉEN
Niveau débutants
A2

Hector Poullet
Robert Chilin

LA COLLECTION
OBJECTIF LANGUES

À PROPOS DU CADRE EUROPÉEN COMMUN DE RÉFÉRENCE POUR LES LANGUES

À partir de quel moment peut-on considérer que l'on « parle » une langue étrangère ? Et quand peut-on dire qu'on la parle « correctement », couramment ? Voire qu'on la « maîtrise » ? Cette question agite les spécialistes de la linguistique et de l'enseignement depuis toujours. Elle pourrait être de peu d'intérêt si les locuteurs d'aujourd'hui n'avaient pas à justifier leurs compétences dans ce domaine, notamment pour accéder à l'emploi.

C'est en partie pour répondre à cette question que le Cadre européen commun de référence pour les langues (CECRL), appelé plus communément « Cadre européen des langues », a été créé par le Conseil de l'Europe en 2001. Sa vocation première est de proposer un modèle d'évaluation de la maîtrise des langues neutre et adapté à toutes les langues afin de faciliter leur apprentissage sur le territoire européen. À l'origine, il entendait favoriser les échanges et la mobilité, mais aussi mettre un peu d'ordre dans les tests d'évaluation privés qui fleurissaient à la fin du XXe siècle et qui étaient, la plupart du temps, propres à une langue.

Plus de 15 ans après son lancement, son succès est tel qu'il a dépassé les simples limites de l'Europe et qu'il est utilisé dans le monde entier ; pour preuve, son cahier des charges est disponible en 39 langues. Les enseignants, les recruteurs et les entreprises y ont largement recours et les praticiens « trouvent un avantage à travailler avec des mesures et des normes stables et reconnues[1]. »

LES 6 NIVEAUX DU CADRE EUROPÉEN DES LANGUES

Le cadre européen se divise en 3 niveaux généraux et en 6 niveaux communs de compétence :

A — UTILISATEUR ÉLÉMENTAIRE
- A1 Introductif ou découverte
- A2 Intermédiaire ou de survie

B — UTILISATEUR INDÉPENDANT
- B1 Niveau seuil
- B2 Avancé ou indépendant

C — UTILISATEUR EXPÉRIMENTÉ
- C1 Autonome
- C2 Maîtrise

Chacun des niveaux communs de compétence est détaillé selon des activités de communication langagières :
• la production orale (parler) et écrite (écrire) ;
• la réception (compréhension de l'oral et de l'écrit) ;
• l'interaction (orale et écrite) ;
• la médiation (orale et écrite) ;
• la communication non verbale.

Dans le cadre de notre méthode d'apprentissage et de son utilisation, les activités de communication se limitent bien sûr à la réception (principalement) et à la production (un peu). L'interaction, la médiation et la communication non verbale s'exercent sous forme d'échanges en rencontrant des locuteurs et/ou en échangeant avec eux (avec ou sans présence réelle pour dire les choses autrement).

LES COMPÉTENCES DU NIVEAU A2

Avec le niveau A2, je peux :
- **comprendre** des expressions et des messages simples et très fréquents ;
- **lire** des textes courts et trouver une information dans des documents courants ;
- **comprendre** des courriers personnels courts et simples ;
- **communiquer** lors de tâches simples et habituelles ;
- **décrire** en termes simples ma famille, d'autres gens, mes conditions de vie, ma formation et mon activité professionnelle ;
- **écrire** des notes et des messages courts et simples.

La plupart des méthodes d'auto-apprentissage de langues actuelles utilisent la mention d'un des niveaux du cadre de référence (la plupart du temps B2), mais cette catégorisation a souvent été faite *a posteriori* et ne correspond pas forcément à leur cahier des charges.
En suivant les leçons à la lettre, en écoutant les dialogues et en faisant les exercices proposés, vous parviendrez au niveau A2. Mais n'oubliez pas qu'il ne s'agit que d'un début. Le plus important commence ensuite : échanger avec des locuteurs natifs, entretenir sa langue et ne pas la laisser rouiller et, ainsi, améliorer sans cesse la compréhension et l'expression.

1. *Cadre européen commun de référence pour les langues,* Éditions Didier (2005).

APPRENDRE LE CRÉOLE GUADELOUPÉEN

QUELQUES REPÈRES

REPÈRES GÉOGRAPHIQUES

Commençons par faire plus ample connaissance avec le territoire, grâce à ce précis de géographie très succinct. Avant tout, précisons que contrairement aux abus de langages communément répandus : la Guadeloupe n'est pas une île, mais un archipel !

• Un archipel
Il se compose de deux îles principales, la Grande-Terre et la Basse-Terre, reliées entre elles par deux ponts et complétées par trois îles périphériques : Marie-Galante, Les Saintes et La Désirade.

• Une situation
L'archipel guadeloupéen se trouve au centre d'un arc qui s'étend de la Floride au nord jusqu'au Venezuela au sud. Cet ensemble est constitué d'îles de tailles diverses qu'on appelle communément les îles Caraïbes ou, quelquefois, les Antilles.

REPÈRES HISTORIQUES

• La découverte
L'histoire connue commence lors de la découverte par Christophe Colomb de l'existence de ces terres insulaires. Nous sommes alors en 1493 et le navigateur effectue son second voyage vers le Nouveau Monde lorsqu'il donne le nom de Guadeloupe aux deux grandes îles de l'archipel. Il choisit ce nom pour honorer la promesse faite à Notre-Dame de Guadalupe en Espagne (terme venant de l'arabe *Oued el Houb*) tandis que l'Espagne (la Castille) vient tout juste d'être libérée, après la chute de Grenade et de quatre siècles d'occupation arabo-musulmane.

• La colonisation française
Ce n'est qu'en 1635, plus de 150 ans après l'Espagne, le Portugal, l'Angleterre, la Hollande, que la France commence la colonisation des dernières îles encore occupées par les peuples Kalinas, dits Caraïbes. Ces derniers seront, comme partout ailleurs, décimés systématiquement ou expulsés de Guadeloupe et cela dès le début de la colonisation.

• De la culture de la canne… à l'esclavagisme
Après une brève période dite d'« Habitation », de tentatives de cultures tropicales comme le tabac, les plantes à épices et tinctoriales comme l'indigo ou le roucou, les « Isles » vont être l'objet de convoitises, car on y fait pousser… la canne à sucre !

Pendant plusieurs siècles, la canne à sucre sera à l'origine de « l'or roux ». Comme cette culture nécessite une main-d'œuvre nombreuse, elle sera la cause dans toute la région de guerres entre nations européennes, mais aussi de la déportation de millions d'Africains qui y seront mis en esclavage.

REPÈRES SOCIOLINGUISTIQUES

• L'empreinte de l'esclavagisme sur le vocabulaire
L'univers concentrationnaire de la Plantation a fortement imprimé son vocabulaire dans la langue créole qui va y naître. Ce n'est pas un hasard si, de nos jours encore, cette langue ignore des mots comme « bonheur » ou « heureux », mais parle volontiers de « malheur » ou « malheureux ».
De même « se réveiller » ne saurait se dire en créole, il s'agit seulement de « se lever » et si quelqu'un « se réveille » en pleine nuit sans « se lever » on dira encore de nos jours que son sommeil a été « coupé ». Les esclaves n'avaient en effet pas le loisir de se réveiller, ils devaient immédiatement être… levés !
De la même manière, des termes français comme « gérant » sont aujourd'hui encore confondus avec le « géreur » celui qui « gérait » la Plantation en ce temps-là, tandis que les grands propriétaires, les colons, restaient à la Cour du Roi, à Paris.

• L'omniprésence du corps
Quant aux prisonniers africains réduits en esclavage, se considéraient-ils comme « esclaves » ? Le vocabulaire, toujours, suggère que pour eux, seul leur corps pouvait l'être, et donc être propriété du « maître », mais pas leur moi intime.
C'est pourquoi beaucoup de formes pronominales se construisent avec le mot corps : se préparer se dira « parer son corps » ; se méfier, « méfier son corps » ; se sauver, « échapper son corps » ; prendre toutes les dispositions pour parer à toutes les éventualités « ranger son corps » ; se cacher, « serrer son corps », etc.

• Des traces d'ancien français
La langue créole a donc conservé de nombreuses empreintes de cette époque et des mots d'ancien français aujourd'hui disparus comme « gourmer » pour se battre,

ou une « trolée » pour une kyrielle, ou encore certains mots ont gardé un sens qu'ils n'ont plus en français d'aujourd'hui comme « linge » pour vêtement ou « mander » pour demander.

• La lutte pour l'abolition de l'esclavage
La lutte pour l'Abolition de la traite et de l'esclavage s'est faite sur deux fronts.

D'une part les esclaves se révoltaient en brûlant les plantations ou se sauvaient dans les montagnes, on disait « maronner » ; ce terme vient de l'Espagnol *cimarron*. D'autre part, les abolitionnistes de sociétés d'inspiration religieuse ou franc-maçonne pesaient de tout leur poids politique sur le pouvoir central pour faire avancer cette cause.

• Les deux abolitions de l'esclavage
La Guadeloupe a connu deux abolitions de l'esclavage. La première eut lieu en 1794 sous la première République, puis l'esclavage fut rétabli en 1802 par Napoléon et dura jusqu'en 1848. Ce rétablissement de l'esclavage en Guadeloupe n'ira pas sans une Résistance acharnée qui fit plusieurs milliers de morts et de déportés. Cet épisode marque aujourd'hui encore la société guadeloupéenne.

Mais comme l'esclavage n'était plus, ni moralement défendable, ni économiquement rentable, il fut définitivement aboli en 1833 par les Anglais et enfin en 1848 par les Français. Les abolitionnistes les plus connus sont Wilberforce en Angleterre et Victor Schœlcher en France.

• L'esclavagisme moderne
L'esclavage aboli, nombreux furent les nouveaux citoyens qui refusèrent le travail de forçat dans les champs de cannes à sucre. Il fallut alors faire appel à une main d'œuvre extérieure, des travailleurs sous contrat d'une durée de trois ans. Ils étaient de nationalité indienne, chinoise, japonaise ou encore congolaise.

Seuls les Indiens et les Congolais, par des ruses mises en place par de grands propriétaires, restèrent prisonniers de ce système sans pouvoir s'en retourner chez eux à la fin du contrat.

Fait notable : les Japonais furent pour leur part sans doute à l'origine de la première grève de coupeurs de cannes, le Japon exigeant leur rapatriement, comme stipulé, au terme de leur contrat.

■ LA LANGUE CRÉOLE

La langue créole que nous étudions ici est dite à base lexicale française. Elle est parlée dans l'Archipel guadeloupéen et en Martinique, mais également dans d'anciennes possessions françaises de la Caraïbe telles que les îles de la Dominique et de Sainte-Lucie. C'est une langue vivante et par conséquent en constante évolution. La présence de langues dominantes, comme le français ou l'anglais, fait que s'y trouvent parfois des tournures francisantes ou anglicisantes chez les plus jeunes.

Aujourd'hui, la Guadeloupe, Saint-Barth et Saint-Martin ainsi que la Martinique restent les seuls territoires de la Caraïbe à être franco-créolophones, c'est-à-dire où le français et le créole sont couramment parlés, à l'exception bien sûr d'Haïti. Mais Haïti, le français et le créole, c'est une autre histoire.

■ LA PRONONCIATION

En créole, l'écriture est phonologique, c'est-à-dire que seul et seulement ce qui est prononcé est écrit et inversement : il n'y a pas de lettre muette, pas de piège !
On distingue simplement les sons voyelles et les sons consonnes et, entre les deux, des semi-voyelles, également appelées semi-consonnes.

■ LES VOYELLES

Elles se répartissent en deux groupes : les voyelles orales et les voyelles nasales.

LES VOYELLES ORALES

Elles peuvent être ouvertes ou fermées.

[a]
Il n'y a qu'un **[a]** en créole qui se prononce comme dans *la* en français.
- **ba**, *pour ; donner*
- **balata**, *arbre ; battre*
- **ka**, *tambour ; particule verbale*
- **penga**, *attention*

[ò] ouvert
Graphié **ò**, se prononce comme dans *or* en français.
- **bò**, *près de*
- **bòkò**, *gros crabe*
- **kòkòlò**, *amour furtif ; insecte*
- **wòklò**, *dur(e)*

[o] fermé
Graphié **o**, se prononce comme dans *eau* en français.
- **dlo**, *eau*
- **biwo**, *bureau*
- **totoblo**, *vacarme ; chahut*
- **boloko**, *péquenaud*

[ɛ] ouvert
Graphié **è**, se prononce comme dans *mer* en français.
- **anmè**, *amère*
- **kòlè**, *colère*
- **tèbè**, *idiot ; demeuré*
- **bèkèkè**, *moquerie*

[ə] fermé
Graphié **é**, se prononce comme *et* en français.
- **épi**, *avec*
- **koté**, *près de*
- **rété**, *habiter*
- **matété**, *plat traditionnel*

[i]
Graphié **i**, se prononce comme dans *riz* en français.
- **diri**, *riz*
- **mayi**, *maïs*
- **péyi**, *pays*
- **titiri**, *alevin*

[u]
Graphié **ou**, se prononce comme dans *roue* en français.
- **jounou**, *genou*
- **labou**, *petit crabe*
- **touloulou**, *boue*
- **agoulou**, *vorace ; le nom d'un burger*

Remarque : l'opposition voyelles ouvertes/voyelles fermées est très pertinente en créole. Voici quelques exemples très explicites :
bo, *embrasser* et **bò**, *bord* ; **péché**, *pêcher* et **péchè**, *pêcheur*.
Exemple : **Vòlè**, **volé**, **vòlè ; dyab ka ri !** *Voleur volé par voleur, le diable rigole !*

LES VOYELLES NASALES

[ã]
Toujours graphié **an**, se prononce comme dans *dent* en français.
- **zanfan**, *enfant*
- **tan**, *temps*
- **jan**, *genre*
- **van**, *vent*

[õ]
Toujours graphié **on**, se prononce comme dans *pont* en français.
- **bonnè**, *bonne heure*
- **vonvon**, *bourdon*
- **gason**, *garçon*

[ɛ̃]
Toujours graphié **en**, se prononce comme dans *vin* en français.
- **menné**, *mener*
- **pengné**, *peigner*
- **jenné**, *gêner*
- **frenné**, *freiner*

Remarque : la nasalisation des voyelles orales est systématique en créole devant les consonnes **m**, **n** et **gn**.
- **nanm**, *âme*
- **chanpangn**, *champagne*
- **enmé**, *aimer*
- **pengn**, *peigne*
- **lonnè**, *honneur*

Attention : **[in]**, **[im]** se liront toujours **i-n**, **i-m** comme dans **vin**, **tin**, **plim**, **lalin**.

LES SEMI-VOYELLES ET / OU SEMI-CONSONNES

Semi-voyelles et semi-consonnes sont les mêmes, elles se distinguent simplement par la place qu'elles occupent dans l'émission groupée de deux sons.

[w] et [y]
Ce sont des semi-voyelles quand elles suivent une voyelle pleine.

[aw]
Toujours graphié **a-w** ou **a'w**, se prononce comme en anglais dans *now*.
- **loto a-w**, *ta voiture*
- **papa-w**, *ton papa*
- **mi ba-w**, *tiens pour toi*
- **sa ki ta-w**, *ce qui est à toi*

[ay]
Graphié **a-y** ou **a'y** à l'intérieur d'un même mot, **[ay]** se prononce comme dans *rail* en français.
- **timoun a-y**, *son enfant*
- **papay**, *papaye*
- **papa-y**, *son papa*
- **travay**, *travailler ; travail*
- **ba-y**, *pour lui/elle ; donne-lui*
- **sa ki ta-y**, *ce qui est à lui/elle*

[òw]
Avec **o ouvert** graphié parfois **ò'w** d'autres fois **ò-w**, se prononce comme **[ò]** suivi de **[ou]**.
- **fò'w sav**, *il faut que tu saches*
- **òbò-w**, *à côté de toi*
- **zafè kò-w**, *tant pis pour toi, ça te regarde*

[ow]
Avec **o fermé**, graphié parfois **o'w**, d'autres fois **o-w**, se prononce **[o]** suivi de **[ou]**.
- **o'w yé ?** *où es-tu ?*
- **an ka bo-w**, *je t'embrasse*
- **dèyè do-w**, *derrière-toi*

[è-w]

Avec **è ouvert**, graphié parfois **è'w** d'autres fois **è-w**, se prononce **è** suivi de **ou**.
- **ka sa ka fè-w ?** *ça te fait quoi ?*
- **an pa pè-w**, *je ne te crains pas*
- **lè'w ké vlé**, *quand tu voudras*
- **an ja vwè-w**, *je t'ai déjà vu*

[é-w]

Avec **é fermé**, graphié **é'w** ou **é-w** parfois, se prononce **é** suivi de **ou**.
- **koté-w**, *près de toi*
- **an ké montré-w**, *je te montrerai ; je t'apprendrai*
- **été-w la**, *installe-toi là*

[è-y]

Avec **è ouvert**, graphié **èy** ou **è-y**, se prononce **è** suivi de **i**.
- **fè-y**, *fais-le*
- **an pa pè-y**, *je ne le crains pas*
- **fèy**, *feuille*
- **maché dèyè-y**, *suis-le*

[é-y]

Avec **é fermé**, graphié **é-y**, se prononce **é** suivi de **i**.
- **mandé-y**, *demande-lui*
- **sipé-y**, *attrape-le*
- **koté-y**, *près de lui*
- **kriyé-y ban-mwen**, *appelle-le de ma part*
- **été-y**, *mets-le*

[i-y]

Graphié **i-y** ou **i'y**, se prononce **i** suivi de **i**.
- **di-y li**, *dis-le-lui*
- **dépri-y ban-mwen**, *décoince-le pour moi*
- **si'y vlé**, *s'il veut*
- **mi mi-y !** *tiens le voilà !*

[an-y]

Graphié **an-y**, se prononce **an** suivi de **i**.
- **pwan-y**, *prends-le*
- **kontan-y**, *satisfait de lui*
- **lontan i pati**, *il est parti il y a longtemps*
- **manman-y**, *sa maman*

[w] et [y]

Ce sont des semi-consonnes quand elles précèdent une voyelle pleine.
Wa, wan, wé, wè, wi, wo, wò, wen, wou.
- **kabwa**, *charrette*
- **pwan**, *prendre*
- **bwé**, *bouée*
- **bwè**, *boire*
- **kwi**, *demi-calebasse*
- **two**, *trop*
- **twòp**, *trop*
- **tibwen**, *un peu*
- **chatwou**, *poulpe, pieuvre*

Ya, yan, yè, yé, yi, yo, yò, yen.
- **zagaya**, *crabe*
- **vayan**, *courageux(se), brave*
- **bayè**, *barrière*
- **zòyé**, *oreiller*
- **kayi**, *sardine*
- **boyo**, *tripes, intestins*
- **chòkòyòyò**, *herpès*
- **ayen**, *rien*

■ LES CONSONNES

Les consonnes en créole sont à peu de chose près les mêmes qu'en français, sauf que l'écriture phonologisante n'autorise qu'un graphème par phonème.

[b] **bab**, **britèl**, **bonbonné**.
[ch] **chalè**, **chèché**, **hach**.
[d] **dalo**, **douvan**, **madanm**.
[f] **fanm**, **difé**, **foto**.
[g] toujours prononcé comme en français *gant, gui* : **ganm**, **gèl**, **migan**.

[gy] gyaka, gyenm, lagyè.
[gn] pengné, gnyak, kokangn.
[h] toujours aspiré en créole : **hélé, mahogani, anho**.
[j] jérè, janmé, laj.
[k] konmè, maké, kristofin.
[ky] kyenbé, kyolé, lakyès.
[l] lanbi, lalin, bal.
[m] mas, ranmyé, limenm.
[n] nèy, kann, lannuit.
[p] penga, chapé, wabap.
[r] ne se prononce **[r]** comme *rouge* en français que quand il est suivi des voyelles a, é, è, i : **raché, rété, rèl, pri, diri**.
Avec les autres voyelles, il est plus relâché et souvent graphié **[w]** : **pwan, wonm, two, biwo, wouvè**.
[s] ne se prononce jamais **[z]** : **kasé, sòsyé, mansousyé, zakasya**.
[t] tab, rat, sourit, matété, ravèt.
[v] varé, lavé, laprèv, lavavit.
[z] zékal, lizin, zévan.

Remarque : le **x** qu'on trouve en français sera graphié tantôt **ks** comme dans **annaks** tantôt **gz** comme dans **lègzanmen**.

I
SALUTATIONS ET PREMIERS CONTACTS

II
LA VIE QUOTIDIENNE

1. PREMIER ÉCHANGE 25
2. RETROUVAILLES 33
3. RENCONTRE AVEC UN MEMBRE DE LA FAMILLE 41
4. PRÉSENTATION DE LA FAMILLE 49
5. PRÉSENTATION DU LIEU DE TRAVAIL 57
6. PREMIER CONTACT TÉLÉPHONIQUE 65
7. SE RENSEIGNER PAR TÉLÉPHONE 73
8. PRENDRE RENDEZ-VOUS 81
9. JOUR DU RENDEZ-VOUS 89

10. CHERCHER UN LOGEMENT 99
11. COUP DE CHANCE 107
12. APRÈS LA FÊTE 115
13. AU TRAVAIL 123
14. AU BUREAU 131
15. UN RÉVEIL DIFFICILE 139
16. ORGANISER UNE SOIRÉE 147

III
EN VILLE

17. À LA GARE ROUTIÈRE — 157

18. S'ORIENTER — 165

19. LA CIRCULATION EN VILLE — 173

20. LE COMMERCE POPULAIRE — 181

21. LA GRANDE SURFACE — 189

22. LA CONSULTATION MÉDICALE — 197

23. LES DÉMARCHES ADMINISTRATIVES — 205

24. SITES ET MONUMENTS — 213

IV
LES LOISIRS

25. PENSER À RÉSERVER — 223

26. SUR LE LIEU DE VACANCES — 231

27. QUE FAIRE CE SOIR — 239

28. MANGER DEHORS — 247

29. PROJETS DE VACANCES — 255

30. EMBARQUEMENT IMMÉDIAT — 263

31. JEUX D'ANTAN ET D'AUJOURD'HUI — 271

I

SALUTATIONS

ET

PREMIERS

CONTACTS

1. PREMIER ÉCHANGE
PRÈMYÉ BOKANTAJ

OBJECTIFS

- SALUER AVEC COURTOISIE
- S'ENQUÉRIR DE L'IDENTITÉ DE SON INTERLOCUTEUR
- DÉCLINER SON IDENTITÉ
- DEMANDER LA PROVENANCE ET DONNER SON ORIGINE

NOTIONS

- LA NASALISATION
- L'EXPRESSION DE LA POSSESSION : L'ADJECTIF POSSESSIF
- LE COMPLÉMENT DE NOM
- LE VERBE « ÊTRE » AU PRÉSENTATIF : SÉ

PREMIÈRE RENCONTRE : BONJOUR !

Pédro : Bonjour ! Je m'appelle Pédro, et vous, comment vous appelez-vous ?

Lucie : Je m'appelle Lucie.

Pédro : Lucie c'est un joli prénom ! Vous suivez le deuxième niveau du cours de créole ?

Lucie : Non, je suis dans le premier niveau. Vous êtes de quelle nationalité (d'où) ?

Pédro : Je suis Dominicain. J'habite en Guadeloupe. Je travaille à Basse-Terre.

Lucie : Vous parlez bien le créole. Moi, je ne le parle pas aussi bien.

Pédro : Mais oui ça va. Comment s'appelle votre professeur ?

Lucie : Monsieur Gorame, il est très aimable. Vous habitez ici depuis longtemps ?

Pédro : Depuis deux ans. Et vous ? Vous êtes d'ici ?

Lucie : Non, de Lyon.

Pédro : Que faites-vous à Basse-Terre ? Vous travaillez dans le coin ?

Lucie : Non, je suis en stage d'informatique et j'apprends à parler créole. Mais, excusez-moi, je dois me sauver ! Je vais à Pointe-à-Pitre.

Pédro : Où allez-vous ?

Lucie : À Pointe-à-Pitre !

Pédro : Ah ouais ! Eh ben ça alors ! Amusez-vous bien alors !

Lucie : Merci beaucoup, et bien je m'en vais !

Pédro : Faites donc ! À un de ces quatre !

▶ 03 PRÈMYÉ KONTRÉ: BYEN BONJOU!

Pédro: Byen bonjou! Non an-mwen sé Pedro, é vou ki non a-w?

Lisi: Non an-mwen sé Lisi.

Pédro: Lisi sé on bèl tinon! Ou ka suiv dézyèm nivo a sé lison kréyòl-la?

Lisi: Awa, mwen adan prèmyé nivo-la. Ou sé moun kikoté?

Pédro: An sé moun Sendomenmg. An ka rété an Gwadloup. An ka travay Bastè.

Lisi: Ou ka palé kréyòl-la byen. Mwen an pa ka palé-y sitèlman byen.

Pédro: Mé si, sa k'ay. Ki non a pwofésè a-w?

Lisi: Misyé Goranm. I janti toubòlman. Ou ka rété kotésit dépi lontan?

Pédro: Dépi dé lanné. É-w? Ou sé moun kotésit?

Lisi: An-an, moun Liyon.

Pédro: Ka ou ka fè Bastè? Ou ka travay kotésit?

Lisi: Awa, mwen adan on èstaj enfowmatik épi an ka apwann palé kréyòl. Mé èskizé-mwen fo an chapé! An k'ay Lapwent.

Pédro: Ola ou k'ay?

Lisi: Lapwent!

Pédro: An-han! Wop papa! Anmizé kò a-w byen alòs!

Lisi: Mèsi onpil, ében mwen alé!

Pédro: Alé, alé a-w! A onlòt solèy!

COMPRENDRE LE DIALOGUE
EXPRESSIONS

→ **Byenbonjou!** *Bonjour (litt. Bien bonjour)!* Cette expression traduit une forme de respect sinon une plus grande courtoisie à l'égard de son interlocuteur en le saluant ainsi, plutôt que par le simple et banal **Bonjou!**

→ **Ki non a-w?** *Comment t'appelles-tu/vous appelez-vous?* (litt. *Quel nom à toi/vous?*)

→ **Non an-mwen sé.** *Je m'appelle* (litt. *Nom à moi est*).

→ **Ou sé moun kikoté?** *Vous êtes d'où?* (litt. *Vous êtes quelqu'un de quel endroit?*) permet de demander la provenance.

→ **An sé moun Sendomeng.** *Je suis Dominicain.* (litt. *Je suis quelqu'un de Saint-Domingue.*) Bien que Saint-Domingue soit la capitale de la République Dominicaine, *quelqu'un de Saint-Domingue* **on moun Sendomeng** désigne de façon générique *un Dominicain*, tout comme sa variante **on Santo**. L'origine, la provenance et par extension la nationalité se déclinent par cette construction: **An sé moun** + nom de la ville/de la région/du pays.

→ **Fo an chapé.** *Je dois vraiment y alle.* (litt. *Il faut que je m'enfuie.*) marque la forte volonté de l'énonciateur de s'extirper d'une conversation dans laquelle il se sent retenu.

→ **Wop papa!** *Ça alors!* (litt. *hep papa!*) Cette onomatopée souligne le côté surprenant et grandiose de la chose annoncée et peut être traduit par *ça alors, eh bien dites donc, eh bien mes seigneurs...* selon le contexte.

→ **Anmizé kò a-w!** *Amuse-toi!* (litt. *Amuse ton corps!*) La traduction littérale permet de comprendre le sous-entendu de cette expression: *divertis-toi, profites-en*.

→ **Alé alé a-w.** *Vas-y, «je ne te retiens pas»* (litt. *Pars ton partir*). La répétition du verbe témoigne de la volonté de l'énonciateur de ne plus rien faire ou dire pour retenir son interlocuteur qui a déjà manifesté son désir de mettre un terme à la discussion avec **Fo an chapé.**

→ **A onlòt solèy!** *À un de ces jours!* (litt. *À un autre soleil!*) Cette formule de séparation est fréquemment entendue. Elle laisse entrevoir une rencontre future hypothétique et rappelle l'époque où l'on comptait les jours en nombre de soleils ou de lunes écoulés.

NOTE CULTURELLE

Lors d'une première conversation, on échange en général les prénoms en demandant : **Ki non a-w ?** *Quel est ton/votre nom ?* Pour connaître le nom de famille, il convient de préciser **Ki non a fanmi a-w ?** *Quel est le nom de tes parents ou de ta famille ?* Cela s'explique simplement par le fait que le pronom personnel guadeloupéen **ou** sous sa forme contractée **-w**, ou sous sa forme pleine **vou** désigne indifféremment les pronoms personnels français *tu* et *vous*, car le vouvoiement n'existe pas en créole. Il faut donc s'appuyer sur le contexte pour déterminer si on opte pour le tutoiement ou pour le vouvoiement lors de la traduction en français.

PHONOLOGIE

La voyelle orale [a], quand elle est suivie de [M] et de [N] se nasalise en [**an**]. Ainsi *Gorame* devient **Goranm**, *à moi* deviendra **an-mwen** de même *à nous* se dira **an-nou**. La voyelle [u] est systématiquement transformée en [i]. Ainsi, *Lucie* se dit **Lisi**.

◆ GRAMMAIRE
L'ADJECTIF POSSESSIF

L'adjectif possessif est postposé, c'est-à-dire qu'il est énoncé après le nom : **Non an-mwen.** *Mon nom* (litt. *nom à moi*). Dans cet exemple, **an-mwen** est l'équivalent de *mon*. Sur ce modèle, voici les adjectifs possessifs :

an-mwen	mon/ma/mes, à moi
a-w	ton/ta/tes, à vous
a-y	son/sa/ses, à lui
an-nou	notre/nos, à nous
a-zòt	votre/vos, à (vous) autres
a-yo	leur(s), à eux, à elles

LE COMPLÉMENT DE NOM INTRODUIT PAR « A »

Non a profésè a-w, *Le nom de ton professeur.*
Non a profésè a-yo, *Le nom de leur professeur.*
Non a sè a-w, *Le nom de ta sœur.*

▲ CONJUGAISON
LE VERBE ÊTRE AU PRÉSENTATIF

Le verbe *être* en créole est une structure vide de signifiant, mais non de signifié : **i bèl**, *il est beau/elle est belle (*litt. *il beau/elle belle).*
Cependant, quand il s'agit de présenter quelqu'un ou quelque chose, on utilise le connecteur **sé**. Seul le pronom change :
Je m'appelle Pédro se dira **Non an-mwen sé Pédro** (litt. *Mon nom, c'est Pédro).*
An sé Pédro. *Je suis Pédro.*
Non a-y sé Lisi. *Elle s'appelle Lucie (*litt. *Son nom, c'est Lucie).*
Lisi sé on bèl tinon. *Lucie c'est un beau prénom.*

An sé > Non an-mwen sé Pédro. > An sé Pédro.	Je suis > Je m'appelle Pédro. (litt. *Nom à moi est Pédro.*) > Je suis Pédro.
Ou sé	Tu es
I sé > Non a-y sé Lisi. > Lisi sé on bèl tinon.	Il/elle est > Elle s'appelle Lucie. (litt. *Nom à elle est Lucie.*) > Lucie est un beau prénom.
Nou sé	Nous sommes
Zòt sé	Vous êtes *(pluriel et non politesse)*
Yo sé	Ils/Elles sont

VOCABULAIRE

byenbonjou *bonjour*
bèl *joli(e), beau/bel(le)*
byen *bien*
mèsi *merci*
toubòlman *énormément, beaucoup*
onpil *beaucoup*
sitèlman byen *aussi bien*
janti *gentil, aimable*
èskizé-mwen *excusez-moi, désolé*
non *un nom*
tinon *un prénom*
moun *une personne, quelqu'un*
anhan/wi *oui*
awa/an-an *non*
ki *quel*
kikoté/ola *où*
kotésit *par ici, dans le coin*
dépi/dèpi *depuis*
onlòt/ondòt *un autre*
sé *être*
rété *habiter, vivre, résider*
fè *faire*
travay *travailler*
anmizé kò *s'amuser, se divertir*
apwann *apprendre*
fo *falloir*
chapé *s'enfuir, s'évader, s'échapper, s'en aller*
alé *aller, partir*
ay *aller*, **k'ay = ka + ay**

VILLES ET RÉGIONS DU DIALOGUE
Sendomeng *Saint-Domingue*
Moun Sendomeng *un habitant de Saint-Domingue*
Gwadloup *Guadeloupe*
Bastè *Basse-Terre*
Liyon *Lyon*
Moun Liyon *un(e) Lyonnais(e)*
Lapwent *Pointe-à-Pitre*

POUR ALLER PLUS LOIN
Les différents termes pour exprimer :
> son approbation (*oui*) :
  éwè, **wè**, **wi**, **enhen**, **anhan**
> sa désapprobation (*non*) :
  awa, **non**, **en-en**, **an-an**

⬢ EXERCICES

1. COMPLÉTEZ LES PHRASES SUIVANTES AVEC :
03 **an-mwen, mwen, ou, a-w ou an.**

a. Ki non .... ?

b. .... sé moun kikoté ?

c. Non .... sé Lisi ?

d. .... ka travay Bastè !

e. .... adan prèmyé nivo-la !

2. TRADUISEZ EN CRÉOLE LES PHRASES SUIVANTES.

a. Je m'appelle *(votre prénom)*.
   ....

b. Je travaille à *(la ville)*.
   ....

c. Je suis *(votre ville ou pays)*.
   ....

d. J'habite à *(nom de la ville)*.
   ....

e. J'apprends à parler le créole.
   ....

2. RETROUVAILLES

LARITOUNÈL

OBJECTIFS

- SALUER ET PRENDRE CONGÉ D'UNE CONNAISSANCE
- S'ENQUÉRIR DE L'ÉTAT DE SON INTERLOCUTEUR ET DE SES PROCHES
- DONNER DE SES NOUVELLES

NOTIONS

- LE MARQUEUR « KA »
- LA PHRASE INTERROGATIVE
- L'IMPERFECTIF OU PRÉSENT DE L'INDICATIF

SALUT ! COMMENT VAS-TU ?

<u>Jeanne</u> : Et Gérard ! Salut Gérard ! Comment vas-tu ?
Un bail que je ne t'ai vu.

<u>Gérard</u> : Salut Jeanne ! Ça va pas trop mal et toi, comment vas-tu ?

<u>Jeanne</u> : Couci-couça !

<u>Jeanne</u> : Donne-moi des nouvelles de la famille, comment vont-ils ?

<u>Gérard</u> : Ils vont tous très bien grâce à Dieu.

<u>Gérard</u> : Que fais-tu dans le coin ?

<u>Jeanne</u> : C'est ici que j'habite et toi que fais-tu donc dans le coin ?

<u>Gérard</u> : Moi, c'est pas loin d'ici que je travaille, dans la station-service.

<u>Jeanne</u> : Ça alors, je l'ignorais ! Cela me fait plaisir de te voir mec !

<u>Gérard</u> : C'est bien vrai, moi aussi je suis heureux de te revoir.

<u>Jeanne</u> : Eh bien je te quitte, je suis sûr que nos routes se croiseront de nouveau.

<u>Gérard</u> : Sans nul doute !

<u>Jeanne</u> : Au revoir donc, à un de ces jours !

<u>Gérard</u> : Bonne continuation ! Le bonjour aux tiens !

04 — KA OU FÈ ! KIJAN A-W ?

Jàn : É Jéra ! Ka ou fè Jéra ! kijan a-w ? On syèk tan an pa vwè-w ?

Jéra : Ka ou fè Jàn ! An la, an ka kenbé é voumenm a-w, kijan a-w ?

Jàn : An ka fè-y alé !

Jàn : Ban-mwen nouvèl a fanmi-la, kijan a-yo ?

Jéra : Toutmoun-la byen mèsi.

Jéra : Ka ou ka fè kotésit ?

Jàn : Sé la an ka rété é voumenm a-w ka ou ka fè kotésit ?

Jéra : Mwen, sé bò kotésit an ka travay adan chèl-la.

Jàn : Ében, an pa té sav sa ! Sa ka fè-mwen plézi vwè-w boug !

Jéra : Ou pé di-y, mwen osi an kontan wouvwè-w.

Jàn : Bon, ében an ka lagé-w, an sèten chimen an-nou ké kontré ankò.

Jéra : Asiré pa pétèt !

Jàn : Ovwa alò, adan ondòt solèy !

Jéra : Kenbé rèd pa lagé ! Byenbonjou ba toutmoun a-w !

■ COMPRENDRE LE DIALOGUE
EXPRESSIONS

→ **Ka ou fè!** *Salut!* (littt. *Qu'as-tu fait?*). Cette expression est très utilisée en guadeloupéen dans la sphère amicale. Dans le langage quotidien, elle est souvent contractée et on entend **Ka-w fè!**

→ **Kijan a-w (a-vou)?** *Comment vas-tu?* Cette formulation suit généralement l'expression précédente pour compléter la salutation. Elle peut varier pour donner : **Kijan ou yé?**

→ **An la**, **an ka kezbé é voumenm?** *Ça va pas trop mal et toi?* (littt. *Je suis là je tiens et toi-même?*) C'est la réponse que l'on a en réponse aux formulations précédentes. Parfois, votre interlocuteur peut tout simplement répondre : **É oumenm?** juste après **Ka-w fè...** pour s'enquérir à son tour de votre état.

→ **An ka fè-y alé.** *Couci-couça* (litt. *Je le fais aller*). Voilà une autre façon de renseigner son interlocuteur sur son état.

→ **Byen mèsi.** *Bien grâce à Dieu* (littt. *Bien merci*). Dieu est souvent sous-entendu ou mentionné dans les expressions guadeloupéennes. En changeant le pronom personnel devant **byen mèsi**, on peut ainsi décliner l'expression à toutes les personnes.

→ **An ka lagé-w.** *Je te laisse* (littt. *Je te abandonne*). Arrive généralement en fin de discussion pour signifier à son interlocuteur son désir de mettre un terme à l'échange avant de prendre congé.

→ **Ovwa**, **adan ondòt solèy.** *Au revoir, à un de ces jours* (littt. *Au revoir, à un autre soleil*). Formule de séparation fréquemment entendue laissant entrevoir une future rencontre hypothétique.

→ **Kenbé rèd pa lagé!** *Bonne continuation!* (littt. *Tiens bon n'abandonne pas!*). Cette expression est généralement entendue au moment de se quitter.

NOTE CULTURELLE

Le mot **chèl**, du nom de la marque *Shell* première compagnie pétrolière implantée en Guadeloupe, désigne depuis une station-service.

◆ GRAMMAIRE
LE MARQUEUR « KA »

Le marqueur **ka** précédant le verbe permet de présenter l'action dans son déroulement : **An ka travay** sous-entend que l'action **travay** est en cours, non terminée.

Il pourrait se traduire par *Je suis en train de travailler, je travaille en ce moment.* Contrairement à **an travay**, *j'ai travaillé*, où l'absence de **ka** exprime que l'action **travay** est terminée au moment où l'on parle.

ATTENTION à ne pas confondre le marqueur **ka** présenté ci-dessus avec le pronom interrogatif **ka** (voir ci-dessous) intervenant dans les phrases interrogatives et généralement présent en début de phrase : **Ka ou fè ?** *Comment vas-tu ?*

LA PHRASE INTERROGATIVE

On distingue deux types d'interrogation : l'interrogation fermée et l'interrogation ouverte, aussi appelée partielle.

Cette seconde porte sur un élément particulier de la proposition et est introduite par un pronom interrogatif :

ka porte sur le verbe : **Ka ou ka fè kotésit ?** *Que fais-tu par ici ?*
kijan porte sur un adjectif : **Kijan a-yo ?** *Comment vont-ils/elles ?*

REMARQUE Contrairement au français, il n'y a jamais d'inversion de l'ordre « sujet-verbe » en créole.

▲ CONJUGAISON
L'IMPERFECTIF OU « PRÉSENT DE L'INDICATIF »

Nous avons vu plus haut que le caractère imperfectif ou non complet de l'action en cours est rendu par l'utilisation du marqueur **ka** : **An ka travay.** *Je travaille.*

Toutefois, on constate que le marqueur **ka** disparaît devant certains verbes tels que **tini/ni**, *avoir ;* **sav/sa**, *savoir ;* **enmé/émé**, *aimer ;* **vlé/vé**, *vouloir :* **An vlé.** *Je veux.* ainsi que devant les verbes d'état composés avec un auxiliaire comme être + état : **An kontan vwè-w.** *Je suis heureux de te voir.* Nous verrons ultérieurement la liste complète des verbes qui ne prennent pas le marqueur **ka** au présent.

Pronoms personnels		Marqueur	Verbe	Marqueur	Verbe
an/mwen	*je*				
ou	*tu/vous*				
i	*il/elle*	ka	travay	Ø	kontan
nou	*nous*				
zòt/zò	*vous*				
yo	*ils/elles/on*				

● EXERCICES

1. COMPLÉTEZ LES QUESTIONS SUIVANTES AVEC : Ø, kijan ou ka.

a. .... ou fè ?

b. .... a-w ?

c. .... a-yo ?

d. An .... kontan vwè-w boug.

e. .... ou .... fè kotésit ?

2. ÉCOUTEZ ET TRANSCRIVEZ LES PHRASES ENREGISTRÉES, PUIS INDIQUEZ À QUELLE TRADUCTION FRANÇAISE ELLES CORRESPONDENT.

04

a. ....   1. Le bonjour aux tiens.

b. ....   2. Je suis heureux de te revoir.

c. ....   3. Comment vas-tu ?

d. ....   4. Au revoir, à un de ces jours !

e. ....   5. Je vais bien !

VOCABULAIRE

ban *donner*
   (**ba** devant **-mwen** et **-nou**)
boug *mec, gars*
chèl *station-service*
chimen *chemin, route*
fanmi *famille, parents*
isidan *ici*
kenbé *tenir*
kijan *comment*
bò *près de*

kontan *heureux*
ovwa *au revoir*
vwè *voir*
wouvwè *revoir*
kontré *rencontrer*
lagé *quitter, lâcher, abandonner*
moun a-w *les tiens, tes proches*
toutmoun *tous, tout le monde*
on syèk tan *un bail, une éternité*

POUR ALLER PLUS LOIN

Les autres formulations fréquemment entendues lors des salutations et fonctionnant avec **ka ou fè** et destinées à renseigner l'interlocuteur sur son état ou pour s'informer de l'état de son interlocuteur.

Questions	Réponses positives	Réponses négatives
Sa k'ay ? *Ça va ?*	**Wè sa k'ay !** *Oui, ça va !*	**Awa, sa pa k'ay !** *Non, ça ne va pas !*
Sa ka maché ? *Ça baigne ?*	**Wè sa ka maché !** *Oui, ça baigne !*	**Awa, sa pa ka maché !** *Non, ça ne baigne pas !*
Biten a-w bon ? *Ça va pour toi ?*	**Wè, i bon !** *Oui, ça va bien pour moi !*	**Awa, i pa bon !** *Non, ça ne va pas !*
Ou byen ? *Tu vas bien ?*	**Wè, an byen mèsi !** *Oui, je vais bien !*	**Awa, ayen pa bon !** *Non, rien ne va !*
	Wè, mwen adoumanman ! *Oui, tout va pour le mieux !*	**Awa, biten-la pli fann ki félé !** *Non, c'est pire qu'il ne paraît !*
		Awa, an pa byen kon-w ! *Non, pas aussi bien que toi !*
		Awa, mwen an kaka kòk ! *Non, je suis dans un piteux état !*

3. RENCONTRE AVEC UN MEMBRE DE LA FAMILLE
KONTRÉ ÉPI ON FANMI

OBJECTIFS

- PRÉSENTER DIFFÉRENTS MEMBRES DE LA FAMILLE
- DEMANDER ET FOURNIR DES INFORMATIONS INTIMES
- DEMANDER ET DONNER UN NUMÉRO DE TÉLÉPHONE

NOTIONS

- LE VERBE ÊTRE À LA FORME INTERROGATIVE
- UNE EXPRESSION IDIOMATIQUE : A PA
- LES PRONOMS INTERROGATIFS (SUITE)
- L'EXPRESSION DE LA POSSESSION : TINI, TIN, NI
- L'EXPRESSION DU FUTUR

QUI ES-TU ?/QUI ÊTES-VOUS ?

<u>Fernand</u> : Bonjour cousine !

<u>Suzelle</u> : Cousine ? Excusez-moi, mais je ne vois pas qui vous êtes !

<u>Fernand</u> : C'est ce que je vois. Je suis l'enfant naturel d'oncle Alexandre.

<u>Suzelle</u> : C'est pas vrai ! Petit Fernand c'est toi ? Comme t'as grandi mon fils ! Quel âge as-tu (fais-tu) maintenant ?

<u>Fernand</u> : Le mois prochain j'aurai quarante-deux ans (me donnera quarante-deux années).

<u>Suzelle</u> : Quarante-deux ans… Eh bien mon Dieu que je suis vieille ! Tu es marié ?

<u>Fernand</u> : Non, je suis en union libre.

<u>Suzelle</u> : Et combien d'enfants avez-vous ? Je suppose que vous en avez ?

<u>Fernand</u> : Oui, nous avons deux enfants et bientôt trois vu que ma compagne est enceinte.

<u>Suzelle</u> : Félicitations ! Et quel travail (que) tu fais ?

<u>Fernand</u> : Je travaille à l'hôpital. Je suis infirmier au service de diabétologie (des gens qui font du sucre).

<u>Suzelle</u> : Eh bien, tu peux dire ça baigne pour toi ! Je suis heureuse pour toi.

<u>Fernand</u> : Mais passe nous voir un de ces jours. La famille sera heureuse de te connaître.

<u>Suzelle</u> : Pas de problème ! Où habites-tu ?

<u>Fernand</u> : J'habite Résidence les Carbets à Trois-Rivières.

<u>Suzelle</u> : OK ! Je passerai vous voir, mais je t'appellerai avant. Donne-moi ton numéro.

<u>Fernand</u> : Notes ! Zéro six-cent quatre-vingt-dix cinquante-quatre.

<u>Suzelle</u> : On fait comme ça (Comme nous avons dit) !

05   KIMOUN OU YÉ ?

<u>Fèwnan</u> : Bonjou kouzin !

<u>Sizèl</u> : Kouzin ? Èskizé-mwen mé an pa ka vwè kimoun ou yé !

<u>Fèwnan</u> : Sé sa an ka vwè. An sé timoun dèwò a ton Alèksann.

<u>Sizèl</u> : A pa vré, ti fèwnan sé vou ? Wi ou lonji monfi ! Ki laj ou ka fè konyéla ?

<u>Fèwnan</u> : Mwa pwochen ké ban-mwen karanndé lanné.

<u>Sizèl</u> : Karanndézan ! Ében bondyé wi an vyé ! Ou mayé ?

<u>Fèwnan</u> : Awa, an ka rété.

<u>Sizèl</u> : É konmen timoun zòt ni ? An ka sipozé zòt ni timoun ?

<u>Fèwnan</u> : Wi, nou ni dé timoun é talè twa davwa madanm-la ansent.

<u>Sizèl</u> : Woulo bravo pou-w ! É ki travay ou ka fè ?

<u>Fèwnan</u> : An ka travay an lopital-la. Mwen enfimyé an sèvis a sé moun-la ka fè sik.

<u>Sizèl</u> : Ében, ou pé di biten a-w ka maché. An kontan pou-w.

<u>Fèwnan</u> : Mé pasé vwè-nou yonn sé jou-la. Fanmi-la ké kontan konnèt-vou.

<u>Sizèl</u> : Pa ni pwoblèm. Ola ou ka rété ?

<u>Fèwnan</u> : An ka rété Rézidans lé Kawbé Twa-Rivyè

<u>Sizèl</u> : Dakò ! An ké pasé vwè-zòt mé an ké kriyé-w avan. Ban-mwen liméwo a-w.

<u>Fèwnan</u> : Maké ! Zéwo sisan katrèvendis senkannkat.

<u>Sizèl</u> : Kon nou di !

COMPRENDRE LE DIALOGUE
EXPRESSIONS

- → **Ti Fèwnan**, *Petit Fernand* peut correspondre à *Fernand junior* et n'a ici rien à voir avec la taille ou l'âge de la personne.
- → **Konyéla, konsa yé la**, *actuellement, maintenant* (litt. *Comme c'est là*). Cette expression est fréquemment utilisée en début ou en fin de phrase pour actualiser un discours.
- → **Ké ban-mwen.** *Me donnera.* **Ba**, qui par nasalisation régressive devient **ban** devant **mwen** et **nou**, vient du verbe **bay** (*bailler* en français ancien) et il signifie *donner*.
- → **Wi an vyé !** *Comme j'ai vieilli !* (litt. *Oui je suis vieille*). Cette expression est introduite par **wi** et n'a rien à voir avec l'approbation, mais traduit un constat soudain. Toute expression introduite par **wi** est à la forme exclamative.
- → **An ka rété.** *Je suis en union libre* (litt. *Je reste*). Nous avons vu dans une précédente leçon le sens de **rété** signifiant *résider, habiter*. Ici, nous retrouvons **rété** signifiant *vivre maritalement*, il s'agit d'une cohabitation conjugale.
- → **Fè sik**, *être diabétique* (litt. *faire du sucre*). **Fè sik** peut, dans un autre contexte, signifier *faire le cirque* (litt. *jouer la comédie*).

NOTE CULTURELLE

Aux Antilles, les enfants nés hors mariage font partie intégrante de la cellule familiale quand bien même le père n'assume pas son rôle. L'expression **timoun dèwò** *enfant naturel* (litt. *enfant dehors*) témoigne du fait que cet enfant n'a pas le statut d'enfant légitime, car il est « né hors-lit ».

PHONOLOGIE

Certaines consonnes sont prononcées de manière relâchée ou ne sont pas prononcées du tout ; c'est le cas du [r] dans *Fernand*, prononcé **Fèwnan** ou **Fènan**. De même, *Alexandre* se dira **Alèksann** ou seulement **Alèsann**.

◆ GRAMMAIRE
LE VERBE ÊTRE À LA FORME INTERROGATIVE

Nous avons vu que **sé** exprime le présentatif du verbe *être*. **An sé Lisi.** *Je m'appelle Lucie* (litt. *Je suis Lucie.*). À la forme interrogative, directe ou indirecte, *être* se dit **yé** :

3. Rencontre avec un membre de la famille

Kimoun ou yé ? *Qui es-tu ?*
An sé timoun a ton Alèsann. *Je suis l'enfant d'oncle Alexandre.*
An konnèt kimoun ou yé. *Je sais qui tu es* (litt. *Je connais qui tu es).*

Toutefois, de même que le langage parlé en français ne fait pas toujours l'inversion du sujet lors d'une question, en créole on pourra entendre : **Ou sé kimoun ?** *Tu es qui ?* au lieu de **Kimoun ou yé ?** *Qui es-tu ?*

A pa mwen.	Ce n'est pas moi.
A pa-w.	Ce n'est pas toi/vous (singulier).
A pa-y.	Ce n'est pas lui/elle.
A pa nou.	Ce n'est pas nous.
A pa zòt.	Ce n'est pas vous (pluriel).
A pa yo.	Ce ne sont pas eux/elles.

UNE EXPRESSION IDIOMATIQUE PROPRE AU CRÉOLE DE LA GUADELOUPE « A PA »

→ **A pa Fèwnan ?** *Ce n'est pas Fernand ?* devrait se dire **Sé pa Fèwnan ?** comme il se dit dans d'autres créoles.
→ **A pa jé !** *Ce n'est pas une plaisanterie* (litt. *Ce n'est pas jeu)*; autrement dit *C'est sérieux !*
→ **A pa vré !** *Ce n'est pas possible !* (litt. *Ce n'est pas vrai !)*

LES PRONOMS INTERROGATIFS

Nous avons vu dans la leçon précédente deux pronoms interrogatifs :
→ **Ka**, *que*, dans **Ka ou ka fè ?** *Que fais-tu ?*
→ **Kijan**, *comment*, dans **Kijan a-w ? Kijan ou yé ?** *Comment vas-tu ?*

Voici à présent :
→ **Ki ?** *Quel(le) ?* **Ki laj ou ka fè ?** *Quel est ton âge ?* (litt. *Quel âge tu fais ?)*
→ **Konmen ?** *Combien ?* **Konmen timoun ou ni ?** *Combien as-tu d'enfants ?*
→ **Ola ?** *Où ?* **Ola ou ka rété ?** *Où habites-tu ?*

▲ CONJUGAISON
L'EXPRESSION DE LA POSSESSION : AVOIR TINI, TIN, NI

Tini est la forme pleine du verbe ou forme d'insistance, le plus souvent abrégé en **ni** ou **tin** : **Nou ni dé timoun.** *Nous avons deux enfants.*

ATTENTION **Tini** fait partie de ces verbes qui ne prennent pas le marqueur **ka** quand il s'agit d'exprimer l'imperfectif.

Pronoms personnels	Verbe	
an/mwen		*j'ai*
ou		*tu as*
i		*il/elle a*
nou	tini/tin/ni	*nous avons*
zòt/zò		*vous avez*
yo		*ils/elles ont*

REMARQUE **Ni** employé seul, sans sujet, est la traduction de *il y a* et **pa ni**, *il n'y a pas*. On dit ainsi : **Pa ni pwoblèm !** *Il n'y a pas de problème,* donc : *Tout va bien !*

L'EXPRESSION DU FUTUR

Pour parler d'une action à venir, le créole utilise une forme verbale invariable précédée de la particule de modalité **ké** : **Nou ké travay.** *Nous travaillerons.*

La forme négative se construit en plaçant **pé** devant **ké** comme suit :
An pé ké travay. *Je ne travaillerai pas.* **Pé ké fo.** *Il ne faudra pas.*

VOCABULAIRE

LES CHIFFRES ET LES NOMBRES
liméwo *numéro*
laj *âge*
lanné *année, an*
dé *deux*
twa *trois*
zéwo *zéro*
karanndé *quarante-deux*
katrèvendis *quatre-vingt-dix*
senkannkat *cinquante-quatre*
tranndé *trente-deux*
karanntuit *quarante-huit*
sisan *six cents*

LA FAMILLE
kouzin *cousine*
ton *oncle, tonton*
monfi *mon fils, fiston*
timoun *enfant*
madanm *femme, compagne*

LES VERBES
yé *être*
rété *habiter, résider, être en concubinage*
èskizé *excuser*
vwè *voir*
lonji *pousser, grandir*
ban *donner (devant **-mwen** et **-nou**)*
ni *avoir*
mayé *être marié*
sipozé *supposer*
travay *travail, travailler*
pé *pouvoir*
maché *marcher*
pasé *passer*
konnèt *connaître*
kriyé *appeler*
maké *écrire*
di *dire*

POUR ALLER PLUS LOIN
De nombreuses exclamations ponctuent une conversation comme :
A pa vré ! *Pas possible !*
Pa ni pwoblèm ! *Pas de soucis !*
Woulo pou ! *Félicitations !*
Kon nou di ! *Comme convenu !*
Apprenez-les par cœur et placez-les au bon moment.

● EXERCICES

1. COMPLÉTEZ LES QUESTIONS SUIVANTES AVEC :
sé, ké, yé, ola, ki.

a. Kimoun ou .... ?

b. Ou .... kimoun ?

c. An .... pasé vwè-w.

d. .... laj a-y ?

e. .... yo ka rété ?

2. TRADUISEZ EN CRÉOLE LES PHRASES SUIVANTES.

a. Comment font-ils ?
....

b. Que fait-il ?
....

c. Où habites-tu ?
....

d. Quel âge a-t-il ?
....

e. J'ai vingt-six ans.
....

3. Rencontre avec un membre de la famille

4. PRÉSENTATION DE LA FAMILLE

MI FANMI-LA

OBJECTIFS

- PRÉSENTER LES MEMBRES DE LA FAMILLE
- DIRE LES LIENS DE PARENTÉ
- SITUER LES PERSONNES PRÉSENTES SUR UNE PHOTOGRAPHIE

NOTIONS

- ABSENCE DU MARQUEUR KA DEVANT CERTAINS VERBES
- LOCALISATION
- PRONOMS INTERROGATIFS (SUITE) : OLA ? KIMOUN ?
- LES ARTICLES DÉFINI ET INDÉFINI
- L'EXPRESSION DU PASSÉ : TÉ

QU'EST-CE QUE C'EST ?

Fernand : Cousine ! Viens voir.

Suzelle : Qu'y a-t-il ?

Fernand : Je veux te montrer une photo de ma famille du côté de ma mère.

Suzelle : Super ! Fais voir.

Fernand : Alors voilà, ici donc tu as ma mère et à côté d'elle son frère cadet, oncle Albert.

Suzelle : Et derrière Albert, c'est qui ?

Fernand : Ah, derrière c'est grand-père José, le père de ma mère, avec sa femme…

Suzelle : … et les deux petits au premier rang, ce sont tes frères et sœurs.

Fernand : La fille à droite, c'est ma sœur et le garçon endimanché, c'est mon cousin Antoine.

Suzelle : Mais quel âge a ta sœur ? Je ne me souviens pas d'elle.

Fernand : Elle a cinq ans de moins que moi, c'est pourquoi tu ne la connais pas.

Suzelle : Et elle vit où maintenant ?

Fernand : Elle vit aux États-Unis depuis qu'elle a épousé un Américain (Ricain) de Miami.

KA SA YÉ ?

Fèwnan : Kouzin ! Vin gadé sa.

Sizèl : Ka ki ni ?

Fèwnan : An vlé montré-w on foto a fanmi an-mwen p'asi koté manman.

Sizèl : A wè ! b'an vwè sa.

Fèwnan : Alòs mi, la konsa sé anman é owa-y sé tifrè a-y, tonton Albè.

Sizèl : É dèyè Albè, sé kimoun ?

Fèwnan : A, dèyè sé gran-apa Jozé, papa manm'an-mwen, épi madanm-mayé a-y…

Sizèl : … é sé dé piti timoun-la douvan la, sé frè é sè a-w ?

Fèwnan : Tifi-la si men dwèt a-w sé sè an-mwen Anita é tigason-la épi lenj a lanmès a-y, sé kouzen an-mwen Antwàn.

Sizèl : Mé ki laj ti sè a-w ka fè la konsa ? An pa ka sonjé-y.

Fèwnan : La konsa, i ni senk lanné an mwens ki mwen, sé pousa ou pa konnèt-li.

Sizèl : É ola i ka rété konyéla ?

Fèwnan : I ka rété an Lanmérik dépi i té mayé èvè on Mériken Miyami.

COMPRENDRE LE DIALOGUE
EXPRESSIONS

- **Vin gadé sa!** *Viens regarder ça!* pourrait aussi se dire : **Vin vwè sa!** *Viens voir ça!* Comme **tini/tin** *avoir*, **vini** *venir* peut lui aussi avoir la forme tronquée **vin**.
- **Ka ki ni?** *Qu'y a-t-il?* (litt. *Quoi qui a?*) Ici **ki** *qui*, peut aussi se dire **i** dans sa forme relâchée : **Ka i ni?** qui devient à l'audition **Ka'y ni?**
- **A wè!** *Ah ouais! Vraiment!* est une approbation exclamative courante. Elle pourra avoir, sur une autre courbe mélodique, une valeur interrogative : **Awè?** *Ah bon?*
- **B'an vwè sa!** *Fais voir!* (litt. *Donne-moi voir cela!*). **B'an** est la contraction de **ban an (an = an-mwen)** après nasalisation de **ba** qui vient, comme nous l'avons vu, de **bay**, *donner* (du mot d'ancien français *bailler*).
- **Alò mi!** *Alors regarde!* **Mi** a le sens de *voilà* ou *regarde! Mirer* en ancien français signifie *regarder*, tout comme l'espagnol *mirar*. **Mi mwen!** *Me voici!*
- **Gran apa/Gran papa**, *grand-père*. **Apa** est une forme relâchée de **papa**, tout comme **anman** de **manman.**
- **Madanm-mayé**, *épouse, femme légitime* s'oppose à **madanm-dèwò** qui est la *maîtresse, plus ou moins officielle*.
- **Lenj a lanmès**, *endimanché* (litt. *vêtement de la messe*). **Lenj**, *linge* est utilisé pour désigner *les vêtements* et non *le linge de maison* par exemple. *Les vêtements de messe*, donc *de sortie*, s'opposent à **lenj a travay**, *vêtement de travail*.
- **P'asi/Pa si**, *du côté de, vers* (litt. *par sur*).
- **Mériken** se dit pour *Américain*, tout comme **Pangnol** pour *Espagnol*. Mais attention : **on fanm pangnol**, *une femme espagnole* est une expression qui désigne… une Dominicaine !

GRAMMAIRE
ABSENCE DU MARQUEUR KA DEVANT CERTAINS VERBES

Le marqueur **ka** précède normalement le verbe quand il s'agit d'exprimer une action en cours de déroulement, une action inachevée.

Il est absent devant certains verbes, ceux qui ne décrivent pas une action en cours de réalisation comme dans :

An vlé montré-w on foto. *Je veux te montrer une photo.*
Sé pousa ou pa konnèt-li. *C'est pour cela (que) tu ne le connais pas.*

Voici la liste complète des verbes dans ce cas :

Verbes		Exemples
tini/tin/ni	*avoir*	**Azn ni/tini/tin**, *j'ai*
sav/sa	*savoir*	**Ou sav**, *tu sais/vous savez*
konnèt	*connaître*	**I konnèt**, *il connaît*
pé	*pouvoir*	**Nou pé**, *nous pouvons*
vlé	*vouloir*	**Zòt vlé**, *vous voulez*
enmé	*aimer*	**Yo enmé**, *ils/elles aiment*
hay	*haïr*	**Zòt hay**, *vous haïssez*
pisimyé	*préférer*	**An pisimyé**, *je préfère*

Nous aurons l'occasion de revenir sur ces verbes dans les leçons suivantes.

LOCALISATION

On distingue deux types de prépositions :
- celles qui accompagnent un nom comme **dèyè**, *derrière* ; **douvan**, *devant* ; **koté**, *à côté de* : **Dèyè Albè**, *derrière Albert*.
- et celles qui accompagnent un verbe comme dans : **Sé sè an-mwen i asi men dwèt**. *C'est ma sœur qui est à droite (*litt. *sur main droite).* **Sé gran Apa i dèyè.** *C'est grand-père qui est derrière.* Ces prépositions adverbiales accompagnant le verbe *être* sont absentes en créole.

PRONOMS INTERROGATIFS (SUITE)

Nous avons rencontré les pronoms interrogatifs :
→ **ka** *que*, **ki** *quel/quelle*
→ **kijan** *comment*
→ **konmen** *combien*

Voici maintenant :
→ **ola**, *où* : **Ola ou ka rété ?** *Où habites-tu ?*
→ **kimoun** *qui* : **Dèyè Albè sé kimoun ?** *Derrière Albert qui est-ce ?* (litt. *derrière Albert c'est qui ?*)

LES ARTICLES DÉFINI ET INDÉFINI

L'article défini **la** ne permet pas de distinguer le genre : **tifi-la**, *la fillette* ; **tigason-la**, *le garçonnet*. Il est toujours placé derrière le nom qu'il détermine.

L'article indéfini **on**, lui aussi invariable, est toujours placé avant le nom qu'il détermine : **I mayé èvè <u>on</u> Mériken.** *Elle est mariée à un Américain.* Dans le cas où il s'agirait d'un homme qui épouserait une Américaine, on aurait : **I mayé èvè <u>on</u> fanm Mériken.** *Il est marié à une Américaine.*

L'EXPRESSION DU TEMPS PASSÉ : TÉ

Dépi i té mayé èvè on Mériken. *Depuis qu'elle a* épousé *un Américain.* Quand il s'agit d'exprimer une action datée dans le passé, on utilise le marqueur de temps **té** sans distinction. Ainsi, **i té mayé** signifiera aussi bien *elle a épousé* ou *épousa* que *elle avait épousé*.

▲ CONJUGAISON

Pronoms personnels		Marqueur	Verbe
an/mwen	*je*		
ou	*tu/vous*		
i	*il, elle*	**té**	**travay**
nou	*nous*		
zòt/zò	*vous*	**té**	**kontan**
yo	*ils, elles, on*		

I té travay. *Il, elle travailla/a travaillé/avait travaillé.*
I té kontan. *Il, elle était content(e)/avait été content(e).*

VOCABULAIRE

vini/vin *venir*
gadé *regarder*
frè *frère*
sè *sœur*
kouzen *cousin*
apa/papa *papa, père*
anman/manman *maman, mère*

**POUR ALLER PLUS LOIN :
LES MEMBRES DE LA FAMILLE**

ton/tonton *oncle*
tant ou **tantann** *tante*
nivé *neveu*
nyès *nièce*
ésé ou **sésé** *sœur aînée*
tisè *petite sœur*
grangason *fils aîné*
paren *parrain*
marèn/marenn ou **nennenn** *marraine*
mabo ou **da** *marraine*. Ce terme désigne celle qui a porté l'enfant le jour du baptême.
konpè *parrain (compère)*
komè/konmè *marraine (commère)* est la façon dont les parrains, les marraines et les parents de l'enfant se nomment entre eux.

⬢ EXERCICES

1. COMPLÉTEZ LES PHRASES SUIVANTES AVEC :
kimoun, ola, sé, té, ké, Ø.

a. Adliz .... sè an-mwen.

b. Nou .... kontan vwè-zòt

c. .... i sé frè a-w ?

d. An pa .... sav .... zòt ka rété.

e. Nou .... ou .... ay koté-yo.

2. ÉCOUTEZ ET TRANSCRIVEZ LES PHRASES ENREGISTRÉES, PUIS INDIQUEZ À QUELLE TRADUCTION FRANÇAISE ELLES CORRESPONDENT.

a. ....   1. Où aviez-vous travaillé ?

b. ....   2. Qui est à coté de toi ?

c. ....   3. Je viendrai te voir !

d. ....   4. Ils étaient contents de nous rencontrer.

e. ....   5. C'est le grand-père de ma mère.

5. PRÉSENTATION DU LIEU DE TRAVAIL

MI LA AN KA TRAVAY

OBJECTIFS

- DÉCOUVRIR SON LIEU DE TRAVAIL
- ÉNUMÉRER QUELQUES SERVICES

NOTIONS

- LES PRONOMS PERSONNELS VOU ET LI
- LA POSSESSION INTRODUITE PAR TA
- POUR QUE, AFIN QUE

PREMIER JOUR AU TRAVAIL

Serge : Bonjour ! Heureux de vous accueillir parmi nous. Je suis Serge, le gérant.

Raymonde : Merci ! Moi aussi, je suis heureuse de venir travailler avec vous et j'ai hâte de commencer. Je suis Raymonde.

Serge : Parfait ! Déposez vos affaires là, je vais vous faire visiter les bureaux. Ensuite, nous irons faire un tour à l'atelier.

Raymonde : Pas de problème, je vous suis.

Serge : Ici, nous sommes donc au secrétariat. Votre bureau c'est celui qui est sur la gauche et là, c'est celui de votre collègue, absente aujourd'hui.

Raymonde : Que lui est-il arrivé, elle est malade ?

Serge : Non, elle a pris quelques jours de congé. Maintenant, quand vous prenez le couloir, la première porte sur votre droite c'est la comptabilité avec en face l'informatique et au fond du couloir se trouvent les toilettes.

Raymonde : Et pour manger le midi, comment faites-vous ?

Serge : Les gens apportent leur gamelle et nous avons une salle avec un four à micro-ondes pour qu'ils réchauffent leur repas.

Raymonde : Combien de personnes travaillent ici ?

Serge : Dans les bureaux, nous sommes cinq à (y) travailler et à l'intérieur de l'atelier, ils sont sept.

Raymonde : Vous êtes nombreux tout de même.

Serge : Ici donc vous avez l'atelier. C'est là que nous réceptionnons les voitures pour les débosseler avant de les peindre. Venez, je vais vous présenter le chef d'atelier.

Raymonde : Quel grand atelier !

Serge : Il faut ce qu'il faut, on est très actif ici. Nous avons un four à peinture de dernière génération qui prend pas mal de place et il faut que les ouvriers aient de l'espace pour travailler correctement.

07 — PRÈMYÉ JOU AN TRAVAY-LA

Sèwj : Bonjou, nou kontan risivwè-w abò. An sé Sèwj, jérè-la.

Rémonn : Mèsi. Mwen osi an kontan vin travay épi zòt é an présé démaré. An sé Rémonn.

Sèwj : I bon ! Pozé zéfé a-w la, an kay fè-w fè lantoun a sé biwo-la. Aprésa, nou ké ay fè on won an latilyé-la.

Rémonn : Pa ni pwoblèm, an ka suiv vou.

Sèwj : Alòs la, nou an sèkrétarya-la. Biwo a-w sé sila i agòch la é la sé ta kolèg a-w, i pa la jòdi-la.

Rémonn : Ka'y rivé-y, i malad ?

Sèwj : Awa, i pran dé jou konjé. Aprézan, lè ou pran koulwa-la prèmyé pòt-la si men dwèt a-w sé konta-la i la é an fas épi-y sé enfòwmatik-la é an fon a koulwa-la ou ni sé watè-la.

Rémonn : É pou manjé anmidi kijan zòt ka fè ?

Sèwj : Sé moun-la ka menné ganmèl a-yo é nou ni on pyès épi on fou mikwo-ond pou yo chofé manjé a-yo.

Rémonn : Konmen moun ka travay isidan ?

Sèwj : Adan sé biwo-la nou a senk moun ka travay é andidan latilyé-la yo a sèt.

Rémond : Zòt bon tibwen kanmenm.

Sèwj : Alò, la konsa ou ni latilyé-la. Sé la nou ka risivwè sé vwati-la pour dékalbosé-yo avan nou pentiré-yo. Vini-w an kay prézanté-w chèf a latilyé-la.

Rémonn : Mi gran latilyé mi !

Sèwj : Fo sa i fo, nou pa ka dòmi isidan. Nou ni on dènyé modèl fou a penti ka pran onlo plas é fo sé mannèv-la alèz a-yo pou yo ba kliyan-la on bèl travay.

COMPRENDRE LE DIALOGUE
EXPRESSIONS

→ **Kontan risivwè-w abò.** *Heureux de vous accueillir parmi nous* (litt. *Content de vous recevoir à bord*).
→ **Zéfé** se dit pour les affaires personnelles, alors que les affaires en générale se dit **zafè.**
→ **Alèz a-yo.** *À leur aise.* **Mété-w alèz a-w.** *Mets-toi à ton aise.*
→ **I pran dé jou konjé.** *Elle a pris quelques jours de congé.* Ce **dé** n'est pas le chiffre deux, mais la forme contractée de **détwa/déotwa** *quelque (deux ou trois).*
→ **Nou a senk… yo a sèt.** *Nous sommes cinq (nous sommes à cinq)… ils sont sept* (litt. *ils sont à sept*). Ce **a** devant un nombre de personnes se retrouve dans **Zòt a konmen moun ka travay ?** *Combien êtes-vous à travailler ?* (litt. *Vous êtes à combien de personnes à travailler ?*). De même dans **Zòt a bon tibwen kanmenm.** *Vous êtes nombreux tout de même.* (litt. *Vous êtes à un bon un peu quand même*)
→ **Ka'y rivé-y ?** *Qu'est-ce qu'elle a ?* (litt. *Que lui est-il arrivé ?*) devrait s'écrire **ka i rivé-y** même si on entend **ka' y.** Il ne faut pas le confondre avec **kay** marqueur de modalité d'un futur immédiat devant un verbe : **An kay prézanté-w,** *Je vais vous présenter,* ni avec **k'ay/k'alé** devant un nom à cause de l'élision **An k'ay Bastè (an ka ay Bastè).** *Je vais à Basse-Terre.*
→ **Mi gran latilyé mi !** *Quel grand atelier !* (litt. *Voilà un grand atelier tiens !*) La répétition de **mi** a pour but d'augmenter l'étonnement, d'insister. **Mi mwen !** *Me voici !* **Mi mwen mi !** *C'est moi que voici !*

NOTE CULTURELLE

Jérè, *le géreur* des anciennes Habitations était celui qui dirigeait la main-d'œuvre des ouvriers agricoles d'une main de fer. Ici, si **Sèwj** se présente comme **jérè** c'est qu'il signifie qu'il ne plaisante pas pendant les heures de travail, sinon il aurait utilisé le terme administratif : **jéran-la**, *le gérant.*

PHONOLOGIE

Le [e] de **re**, tout comme celui de **ce** dans *recevoir* est selon les locuteurs transformé en [i] [è] [ou]. Ainsi, nous pourrons avoir **risivwè**, ou **rèsivwè** ou encore **wousouvwè**.

◆ GRAMMAIRE
LES PRONOMS PERSONNELS VOU ET LI

An ka suiv-vou. *Je vous suis.*
Lorsqu'un verbe se termine par une consonne, pour éviter une liaison malencontreuse, les pronoms personnels **-w** et **-y** sont remplacés par leur forme d'insistance **vou** et **li** :
Bat-li. *Tape-le ;* **Rann-vou**, *rends-toi,* etc. ainsi on dira **Mèt-vou la.** *Mets-toi là,* mais **mété-w la.**

LA POSSESSION INTRODUITE PAR TA

Ta kolèg a-w. *Celui de ta collègue :* **ta-w** *le tien.*
Quand **ta/tan** est suivi d'un nom et non d'un pronom, on utilise toujours **ta** qui permet d'exprimer ce qui appartient à ce nom, **ta Jak**, *celui/celle de Jacques.*

POUR QUE, AFIN QUE

Pou yo chofé manjé a-yo. *Pour (qu') ils (ré)chauffent leur repas.*
Pour que, afin que : en créole, la deuxième partie de l'articulation est absente :
Vini-w pou an palé-w. *Viens que je te parle (*litt. *Viens toi pour je parle toi).*

● EXERCICES

1. COMPLÉTEZ LES PHRASES SUIVANTES AVEC :
pou, ta, vou, li, a.

a. Biwo-lasa sé .... kolèg a-w.

b. I ka suiv... toupatou la ou pasé.

c. Adan pyès-la ni on fou .... yo chofé manjé a-yo.

d. Zòt .... konmen moun ka travay isidan ?

e. Sé ....i ka pentiré sé vwati-la.

2. ÉCOUTEZ ET TRANSCRIVEZ LES PHRASES ENREGISTRÉES, PUIS INDIQUEZ À QUELLE TRADUCTION FRANÇAISE ELLES CORRESPONDENT.

a. ....

b. ....

c. ....

d. ....

e. ....

1. Comment faites-vous pour manger le midi ?

2. Les toilettes se trouvent au fond du couloir.

3. Votre collègue a pris quelques jours de congés.

4. Nous sommes cinq dans les bureaux.

5. Heureux de vous accueillir parmi nous !

VOCABULAIRE

abò à bord
jérè contremaître, géreur
jéran gérant
latilyé atelier
sèkrétarya secrétariat
biwo bureau
konta compta(bilité)
kolèg collègue
mannèv ouvrier, manœuvre
kliyan client
konjé congé
koulwa couloir
enfòwmatik informatique
watè toilettes, WC
risivwè recevoir, accueillir, réceptionner
présé presser, urger, avoir hâte de
démaré commencer, débuter
pozé poser, déposer
dékalbosé décabosser, redresser
pentiré peindre
lantoun autour, le tour, le périmètre
won tour, virée
aprésa ensuite, puis
zéfé affaires personnelles
kanmenm tout de même
anmidi le midi, ce midi
senk cinq
sèt sept

6.
PREMIER CONTACT TÉLÉPHONIQUE

PRÈMYÉ BOKANTAJ TÉLÉFÒN

OBJECTIFS

- **DEMANDER UN NUMÉRO DE TÉLÉPHONE ET RÉPONDRE**
- **SE PRÉSENTER ET UTILISER LES FORMULES USUELLES AU TÉLÉPHONE**
- **PRÉSENTER DES EXCUSES SUITE À UN FAUX NUMÉRO**

NOTIONS

- **L'EXPRESSION DU CONDITIONNEL ET LES TOURNURES DE POLITESSE TÉ+KÉ**
- **LE COMPLÉMENT D'OBJET INDIRECT**
- **LA DOUBLE NÉGATION**
- **LA CONSTRUCTION DE LA PROPOSITION SUBORDONNÉE RELATIVE**

VOUS VOUS ÊTES TROMPÉ !

Le téléphone sonne, une femme répond, c'est un homme à l'autre bout du fil.

La dame : Allo, bonjour !

L'homme : Allo ! Ginette ?

La dame : Qui avez-vous dit ?

L'homme : Ginette ! J'aimerais parler à Ginette.

La dame : Il n'y a pas de Ginette ici. Je pense que vous vous êtes trompé.

L'homme : Comment est-ce possible ? Je suis sûr d'avoir fait le bon numéro. Quel est votre numéro ?

La dame : Vous, quel numéro avez-vous composé ? C'est vous qui appelez.

L'homme : Zéro, cinq cent quatre-vingt-dix, quatre-vingt-quinze, douze.

La dame : C'est bien ce que je vous ai dit, vous vous êtes trompé, car ce n'est pas le bon numéro. Ici, (il) se termine par soixante-douze.

L'homme : Veuillez m'excuser alors.

La dame : Pas de soucis.

08   OU FÈ ÉRÈ !

Téléfòn-la ka sonné, on madanm ka réponn, sé on nonm i an lòt bout-la.

<u>Madanm-la</u> : Alo bonjou !

<u>Nonm-la</u> : Alo ! Jinèt ?

<u>Madanm-la</u> : Kimoun ou di ?

<u>Nonm-la</u> : Jinèt ! An té ké enmé palé ba Jinèt.

<u>Madanm-la</u> : Pa ni p'on Jinèt isidan. An ka kwè ou fè érè.

<u>Nonm-la</u> : Mé kijan sa ? An sèten an fè bon liméwo-la. Ki liméwo a-w ?

<u>Madanm-la</u> : Vou, ki liméwo ou fè ? Sé-w i ka kriyé.

<u>Nonm-la</u> : Zéwo, sensan katrèvendis, katrèvenkenz, douz.

<u>Madanm-la</u> : Sé sa menm an di-w la, ou fè érè davwa a pa bon liméwo-la. Isidan ka fin pa swasantdouz.

<u>Nonm-la</u> : Èskizé déranjman-la alò.

<u>Madanm-la</u> : Pa ni pwoblèm.

COMPRENDRE LE DIALOGUE
EXPRESSIONS

→ **An té ké enmé**, *j'aimerais*. Cette tournure permet de formuler une requête poliment en sous-entendant que l'interlocuteur peut ne pas satisfaire la demande pour diverses raisons.
→ **Pa ni p'on**, *il n'y a aucun* (litt. *Il n'y a pas un(e))*. Cette expression signifie bien à celui qui l'entend qu'il est inutile d'insister, car il n'y a aucune chance pour lui de trouver ce qu'il cherche : **Pa menm yonn**, *Même pas un(e))* ; **Pa menm onsèl**, *Même pas un(e) seul(e))*.
→ **An ka kwè**, *je pense (je crois)*. **Kwè** signifie aussi bien *croire* au sens littéral que *penser* dans les expressions du type *je pense que…*
→ **An sèten**, *je suis sûr* (litt. *Je suis certain*).
→ **Sé sa menm**, *C'est bien cela/ça* (litt. *C'est cela/ça même*).
→ **Èskizé déranjman-la.** *Veuillez m'excuser* (litt. *Excusez le dérangement*). On peut retrouver cette formule de politesse en début de phrase : **Èskizé-mwen déranjé-w…** *Désolé de vous interrompre* (litt. *Excusez-moi de vous déranger*) quand on doit interrompre qui est occupé.
→ **Pa ni pwoblèm.** *Pas de soucis, pas d'inquiétude*.

PHONOLOGIE

Le phonème **œ**+[r] *(eur)* comme dans **érè** *erreur* se prononce è avec chute du **[r]**. De même, on aura : **bè**, *beurre* ; **pè**, *peur* ; **lè**, *l'heure* ; **kè**, *cœur*, **sè**, *sœur* ; **flè**, *fleur* ; **koulè**, *couleur* ; **volè**, *voleur*.

◆ GRAMMAIRE
L'EXPRESSION DU CONDITIONNEL ET LES TOURNURES DE POLITESSE TÉ + KÉ

An té ké enmé palé ba Jinèt. *J'aimerais parler à Ginette.*
Le conditionnel est employé pour demander quelque chose poliment, mais il exprime également une action qui ne sera possible que si la condition sous-entendue (si elle est là par exemple) est remplie.

LE COMPLÉMENT D'OBJET INDIRECT

Palé ba jinèt. *Parler à Ginette* (litt. *Parler pour Ginette*).

REMARQUE Certains verbes peuvent se construire avec ou sans **ba**, mais le sens de la phrase en est modifié :
Ri on moun. *Rire de quelqu'un* (litt. *Se moquer de quelqu'un*) Vs **Ri ba on moun** *Rire pour quelqu'un* (litt. *Sourire à quelqu'un*) ;
Pléré on moun *Pleurer quelqu'un* Vs **Pléré ba on moun** *Pleurer pour quelqu'un* (litt. *Supplier quelqu'un*).
Quelques prépositions fonctionnent avec **palé : ba**, *à* ; **pou**, *au nom de* ; **èvè**, **épi**, *avec*.

LA DOUBLE NÉGATION

En créole, la négation est simple. Elle se fait avec **pa** ou **pé** placé avant le marqueur de prédication : **I pa ka palé**, *Il ne parle pas* ; **I pé ké vini**, *Il ne viendra pas*.
Cependant avec **pon/p'on = pa on**, il est nécessaire d'ajouter une négation, comme pour insister : **I pa pon di sa**, *Il n'a absolument pas dit cela*. **Pa ni pwoblèm !** *Pas de soucis !* et, **Pa ni p'on pwoblèm !** *Il n'y a aucun souci* (litt. *problème*) !

LA CONSTRUCTION DE LA PROPOSITION SUBORDONNÉE RELATIVE

Sé sa menm an di-w la. *C'est bien ce que je vous ai dit.* peut se décomposer ainsi :
Sa an di-w, sé sa menm. L'absence de pronom relatif se marque par le rejet de la relative à la fin de la proposition principale. Dans le langage parlé actuel, on peut entendre la phrase suivante : **Sé sa menm kè an di-w la** construite sur le modèle de la phrase en français avec **kè** jouant le rôle de pronom relatif.

▲ CONJUGAISON

Pronoms personnels	Marqueur	Verbe	Français
an/mwen			j'aimerais
ou			tu aimerais
i			il/elle aimerait
nou	té + ké	enmé	nous aimerions
zòt/zò			vous aimeriez
yo			ils/elles aimeraient

REMARQUE La construction négative se fait en ajoutant **pa** devant **té + ké** :
An pa té ké enmé yo fè-mwen sa. *Je n'aimerais pas que l'on me fasse cela.*

● EXERCICES

**1. COMPLÉTEZ LES PHRASES SUIVANTES AVEC :
p'on, ba, pou, té ké.**

a. Adliz .... kriyé.

b. .... moun pa ka réponn ?

c. Ou vlé palé .... kimoun ?

d. I.. kontan vwè-w !

e. Sé .... kimoun ou ka palé ?

2. TRADUISEZ EN CRÉOLE LES PHRASES SUIVANTES.

a. J'aimerais parler à Christian !
....

b. Il n'est pas là.
....

c. Je pense que vous vous êtes trompé.
....

d. Il n'y a personne de ce nom ici.
....

e. Quel numéro avez-vous composé ?
....

VOCABULAIRE

nonm *homme*
ba *pour, à*
pon *aucun*
davwa *vu que, étant donné que*
isidan *ici, en ce lieu*
érè *erreur*
sensan *cinq cent*
katrèvendis *quatre-vingt-dix*
swasantdouz *soixante-douze*
douz *douze*
katrèvenkenz *quatre-vingt-quinze*
sonné *sonner*
réponn *répondre*
fè *faire, composer*
kriyé *appeler (au téléphone)*
enmé/émé *aimer*
kwè *croire, penser*

7. SE RENSEIGNER PAR TÉLÉPHONE

RANSÈYMAN ÉPI TÉLÉFÒN

OBJECTIFS

- TÉLÉPHONER POUR DEMANDER UN RENSEIGNEMENT
- DEMANDER DE REFORMULER
- DEMANDER UN NUMÉRO ANNEXE
- S'ASSURER DE L'IDENTITÉ DE SON INTERLOCUTEUR

NOTIONS

- L'APHÉRÈSE ET L'APOCOPE
- LE COMPARATIF ET LE SUPERLATIF
- LES PRONOMS COMPLÉMENTS
- UN NOUVEAU PRONOM INTERROGATIF : ÈS

VOUS M'ENTENDEZ ?

Le téléphone sonne, une femme répond.

<u>La dame</u> : Allo ! Qui est à l'appareil ? Répondez je vous prie.

<u>Une voix d'homme</u> : Roger Napassami.

<u>La dame</u> : Je n'entends pas bien ce que vous dites.

<u>La voix</u> : Et maintenant ? Est-ce que vous m'entendez mieux ?

<u>La dame</u> : Oui, ça va. Vous pourriez me dire à nouveau votre nom s'il vous plaît ?

<u>La voix</u> : Roger Napassami. Je voudrais parler à madame Citadieu.

<u>La dame</u> : (Non) Ce n'est pas possible. Elle n'est pas là. Mais vous pouvez l'appeler sur son téléphone portable.

<u>La voix</u> : Quel est son numéro de portable ?

<u>La dame</u> : 06 90 50 04.

<u>La voix</u> : Merci beaucoup ! Au revoir !

<u>La dame</u> : Au revoir !

L'homme compose le numéro communiqué, Madame Citadieu décroche :

<u>Madame Citadieu</u> : Citadieu !

<u>Roger Napassami</u> : Bonjour ! Je m'appelle Roger Napassami. Je vous appelle pour savoir si je peux venir récupérer un colis qui est revenu à la poste aujourd'hui même.

<u>Madame Citadieu</u> : Aujourd'hui même non, le facteur n'est pas encore revenu, demain vous pourrez venir, si vous voulez.

OU KA TANN-MWEN ?

Téléfonn-la ka sonné, on madanm ka réponn.

Madanm-la : Alo ! Kimoun i la ? Réponn souplè !

On vwa a misyé : Wojé Napasami.

Madanm-la : An pa ka byen tann sa ou ka di.

Vwa-la : É alè ? Ès ou ka tann-mwen pli byen ?

Madanm-la : Wi, sa k'ay konsa. Ès ou té ké pé wou-di non a-w ban-mwen souplè.

Vwa-la : Wojé Napasami. An té ké vlé palé èvè Man Sitadyé.

Madanm-la : Awa, sa pa posib. I pa la. Mé ou pé kriyé-y asi téléfonn pòwtab a-y.

Vwa-la : Ki liméwo a pòwtab a-y ?

Madanm-la : Zéwo sis katrèvendis senkant zéwo kat.

Vwa-la : Mèsi onpil ! Ovwa !

Madanm-la : Ovwa !

Misyé kriyé liméwo-la yo ba-y la, ManSitadyé ka réponn :

Man Sitadyé : Sitadyé !

Wojé Napasami : Byen bonjou ! Non an-mwen sé Wojé Napasami. An ka kriyé-w pou mandé-w ès an pé vini chèché on koli i déviré lapòs jodi-la menm.

Man Sitadyé : Jòdi-la menm awa, faktè-la pòkò déviré, dèmen ou kay pé vini, si ou vlé.

COMPRENDRE LE DIALOGUE
EXPRESSIONS

→ **Alo, kimoun i la ?** *Allo, qui est à l'appareil ?* (litt. *Allo, qui est là ?*).
→ **Réponn souplè !** *Répondez je vous prie !* (litt. *Répondez s'il vous plaît !*) **Souplè** est la forme réduite de **Tanpisouplè** (litt. *Je vous en prie, s'il vous/te plaît*).
→ **An pa ka byen tann.** *Je n'entends pas bien.*
→ **Sa k'ay konsa**, *ça va* (litt. *ça va comme ça*). **K'ay** est la contraction de **ka + ay** *(aller)*, l'apostrophe signalant la perte de la voyelle **a** à la fin de **ka**.
→ **Woudi**, *dire à nouveau* (litt. *redire*) ; **woudi ankò** *répéter* (litt. *redire encore*).
→ **Mèsi onpil**, *merci beaucoup.* On peut tout aussi bien entendre **mèsi onlo, mèsi toubòlman.**
→ **Pòkò dévirén**, *pas encore revenu* : **pòkò** s'entend souvent dans le langage parlé sous sa forme contractée **pò'ò**. On entend alors un [o] ouvert long
→ **Ou kay pé vini**, *Vous pourrez venir* (litt. *Vous allez pouvoir venir*) : **kay** exprime ici une notion de postériorité (futur) immédiate (dès demain).

PHONOLOGIE

Certains verbes créoles issus de verbes français connaissent la chute de la consonne initiale (l'aphérèse) et/ou de la dernière consonne (l'apocope) :

trapé *attraper*	**rivé** *arrivé*	**atann** *attendre*	**tann** *entendre*
pòté *apporter*	**valé** *avaler*	**vann** *vendre*	**réponn** *répondre*

EXCEPTIONS Aprann, *apprendre* ne connaît que l'apocope et pas l'aphérèse cependant on dira **pran**, *prendre* et non **prann**. Contrairement à **réponn**, *répondre* et **ponn**, *pondre* par exemple.

◆ GRAMMAIRE
LE COMPARATIF ET LE SUPERLATIF

Comparatifs	Superlatifs
plibyen pasé/plibon pasé	**plibon-la, plibyen-la**
mieux/meilleur que	*le/la meilleur (e)*
plimové pasé/plimal pasé	**plimové-la, plimal-la**
pire que	*le pire*

Sur le même modèle, nous trouverons : **plibèl-la**, *la plus jolie/le plus beau* ; **plilèd-la**, *le/la plus moche*.

REMARQUE Certains locuteurs iront jusqu'à dire **pliméyè-la**, *le top du top* (litt. *le plus mieux*).

LES PRONOMS COMPLÉMENTS

	Pronoms compléments	
ou ka tann	**-mwen**	*tu m'entends*
an ka kriyé	**-w, -vou**	*je t'appelle*
nou ka vwè	**-y, -li**	*on le voit/nous le voyons*
yo ka konpwann	**-nou**	*ils nous comprennent*
i ka kouté	**-zòt**	*il vous écoute*
zòt ka vann	**-yo**	*vous les vendez*

UN NOUVEAU PRONOM INTERROGATIF ÈS (EST-CE QUE)

Dans le jargon soutenu des grammairiens, on parle d'interrogation assertive pour désigner une question non introduite par un pronom interrogatif usuel et que l'on différencie de l'affirmation par l'intonation : **Ou ka tann-mwen ?** *Vous m'entendez ?*

Ce type de question peut être précédé de l'introducteur interrogatoire **Ès** en créole ou *Est-ce que* en français :
(Ès) ou ka tann-mwen ? *(Est-ce que) vous m'entendez ?*
(Ès) ou té ké pé woudi non a-w ? *(Est-ce que) vous pourriez répéter votre nom ?*
(Ès) ou pé vini ? *(Est-ce que) tu peux venir ?*

EXERCICES

1. COMPLÉTEZ LES PHRASES SUIVANTES AVEC :
pòkò, ès, kay, k'ay, plibyen.

a. Wè, alè an ka tann-vou .... !

b. .... ou ni on moun ka méné-w ?

c. Ou .... pé vin chèché biten a-w dèmen menm !

d. Koli-la .... la !

e. Ou ka di sa .... konsa ?

2. ÉCOUTEZ ET TRANSCRIVEZ LES PHRASES ENREGISTRÉES, PUIS INDIQUEZ À QUELLE TRADUCTION FRANÇAISE ELLES CORRESPONDENT

a. ....

b. ....

c. ....

d. ....

e. ....

f. ....

1. À quelle heure ouvre le bureau de poste ?

2. Merci beaucoup, au revoir et à demain !

3. Pourriez-vous me dire à nouveau votre nom s'il vous plaît ?

4. J'appelle pour savoir si je peux venir.

5. Vous m'entendez mieux maintenant ?

VOCABULAIRE

vwa *voix*
souplè *s'il vous/te plaît*
alè *maintenant*
tann *entendre*
plibyen *mieux*
woudi *redire, dire à nouveau*
èvè *avec*
onpil *beaucoup*
déviré *revenir, retourner*
lapòs *la poste, le bureau de poste*
jòdi-la *aujourd'hui*
pòkò *pas encore*
ovwa *au revoir*

POUR ALLER PLUS LOIN
onpil *beaucoup* peut se dire de différentes façons en créole : **onlo, anlo, onpilo, onchaj, onpakyèt/onpakèt, ontralé, onréjiman, onpwélé, onpliralité**, etc.

8. PRENDRE RENDEZ-VOUS

PRAN MO

OBJECTIFS

- TÉLÉPHONER POUR PRENDRE RENDEZ-VOUS
- SE PRÉSENTER AU TÉLÉPHONE ET DONNER L'OBJET DE SON APPEL
- DEMANDER DES PRÉCISIONS SUR LE JOUR DU RENDEZ-VOUS ET LA LOCALISATION DE L'ÉTABLISSEMENT
- DIRE L'HEURE

NOTIONS

- LE PHONÈME [Œ] OU [Ø] (EU) OU (EUX)
- LA CONJONCTIONS DE SUBORDINATION : LA CONCESSION
- L' EXPRESSION DE L'IMPARFAIT OU PASSÉ CONTINU : TÉ + KA
- DIRE L'HEURE
- UN MARQUEUR D'ANTÉRIORITÉ : JA

PRISE DE RENDEZ-VOUS TÉLÉPHONIQUE

Raymonde : Garage Décabosse, bonjour ! Raymonde à l'appareil.

Jean Albert : Garage Décabosse ?

Raymonde : Oui, je vous écoute !

Jean Albert : Bonjour, j'appelle pour prendre rendez-vous pour peindre ma voiture.

Raymonde : Quel est votre nom ?

Jean Albert : Monsieur Jean… Jean Albert.

Raymonde : C'est votre première fois chez nous ou vous avez déjà un dossier ici ?

Jean Albert : Non, c'est ma première fois.

Raymonde : Dans ce cas, ne quittez pas, je vous passe ma collègue qui va vous ouvrir un dossier et je vous reprends après pour (vous) fixer votre rendez-vous.

Jean Albert : OK !

Après avoir parlé à la collègue…

Raymonde : Alors, ça c'est bien passé avec ma collègue ?

Jean Albert : Super bien !

Raymonde : Vous disiez donc que vous souhaitiez peindre votre véhicule ? Que la peinture ?

Jean Albert : Il doit y avoir quelques éclats rien de bien méchant, mais je désire avant tout repeindre toute la voiture.

Raymonde : Par conséquent je peux vous proposer un rendez-vous jeudi matin à sept heures et demie.

Jean Albert : Quel jeudi ? Celui qui arrive ou la semaine prochaine (celui de l'autre semaine) ?

Raymonde : Désolé, jeudi de la semaine prochaine.

Jean Albert : Parfait ! Au revoir et à jeudi prochain, sept heures et demie.

Raymonde : Vous savez où nous sommes ?

Jean Albert : Oui, n'ayez crainte !

Raymonde : Au revoir et merci pour (de) votre appel.

KRIYÉ POU PRAN RANDÉVOU

Rémond : Garaj Dékalbòs, bonjou ! Rémond ka kouté-zòt !

Jan Albè : Garaj Dékalbòs ?

Rémonn : Wi, an ka kouté-w !

Jan Albè : Bonjou, an ka kriyé pou pran randévou pou pentiré loto an-mwen.

Rémonn : Ki non a-w ?

Jan Albè : Misyé Jan… Jan Albè.

Rémonn : Sé prèmyé fwa a-w koté nou ouben ou ja ni on dosyé isidan ?

Jan Albè : Awa, sé prèmyé fwa an-mwen.

Rémonn : Alòs atann, an ka pasé-w kolèg an-mwen i kay ouvè on dosyé ba-w é an ké viré pran-w an téléfòn-la apré pou ba-w randévou a-w.

Jan Albè : Dakò !

Apré i palé ba kolèg-la…

Rémonn : Bon alò, sa byen pasé èvè kolèg an-mwen ?

Jan Albè : Byen toubòlman !

Rémonn : Alòsdonk ou té ka di ou té vlé pentiré loto a-w ? Yenki penti ?

Jan Albè : Dwèt ni déotwa ti bòs ayen ditou mé sé woupentiré an vlé woupentiré tout loto-la.

Rémond : Poulòsdonk an pé pwopozé-w on randévou jédi maten a sètè é dimi.

Jan Albè : Ki jédi ? Sila ka vini la oben ta lòt simenn-la ?

Rémonn : Eskizé, jédi a lòt simenn-la.

Jan Albè : I bon ! Ovwa é a jédi pwochen, sètè é dimi !

Rémonn : Ou konnèt la nou yé ?

Jan Albè : Wi, pa pè !

Rémonn : Ovwa é mèsi pou kriyé a-w.

COMPRENDRE LE DIALOGUE
EXPRESSIONS

- → **Awa** : nous l'avons déjà rencontré à plusieurs reprises, il traduit une négation absolue.
- → **Wi/si** : nous avons vu dans la deuxième leçon les différentes façons d'affirmer, toutefois **si** peut quelquefois se dire à la place de **wi**.
- → **Sila/tala/ta**, *celui-ci* (proche) ; **ta**, *celui-là* (éloigné). Nous aurons l'occasion de revenir plus longuement sur ces pronoms démonstratifs.
- → **La/ola**, *où*, lorsque «*où*» porte sur une interrogation indirecte, et qu'il ne se trouve pas en début de phrase. Il peut être remplacé par **la** seulement : **An konnèt ola zòt yé / An konnèt la zòt yé**, *Je sais où vous êtes*.
- → **Kriyé** (verbe) et **kriyé** (nom) : **Mèsi pou kriyé a-w.** Tout verbe créole est potentiellement un nom, il suffit de lui ajouter un adjectif possessif ou un des déterminants du nom **la** ou bien **on**. On peut ainsi avoir : **on kriyé**, *un appel* ; **manjé-la**, *le repas* ; **jan maché a-w**, *ta façon de marcher*.
- → **Poulòsdonk**, *par conséquent*. Cette conjonction de subordination exprimant la conséquence est peu utilisée. On dit plus souvent **kidonk** ou simplement **donk**, comme en français.
- → **I bon !** *C'est parfait*, est souvent remplacé de nos jours par **ok** !
- → **Yenki/anki/anni**, *seulement*, est probablement issu du français *rien que* et de l'anglais *only*.
- → **Wou pentiré pou woupentiré** : cette tournure répétitive, ou la même tournure verbale est reprise deux fois, est classique pour marquer l'insistance.
- → **Toubòlman !** *Vraiment ! Énormément !*
- → **Dwèt**, *il doit* ; **fo**, *il faut* ; **ni**, *il y a*. Dans toutes ces formules, le pronom impersonnel *il* français n'est pas traduit en créole.

PHONOLOGIE

Le phonème [œ] et [ø] (*eu*) et (*eux*) se transforme systématiquement en **é** :
dé, *deux* ; **jé**, *jeu* ; **jédi**, *jeudi* : **zé**, *œufs* ; **difé**, *feu*.

◆ GRAMMAIRE
LA CONJONCTION DE SUBORDINATION : LA CONCESSION

Sé prèmyé fwa a-w oben ou ja ni on dosyé koté nou ? Oben du français *ou bien* a le sens de *ou plutôt*.
À moins que, peut également se dire **oswa** ou **swa**.

▲ CONJUGAISON
L'EXPRESSION DE « L'IMPARFAIT » OU PASSÉ CONTINU TÉ + KA

Pour toute action qui, dans le passé n'était pas accomplie, le créole utilise deux marqueurs, l'un du temps passé **té** auquel s'ajoute le marqueur de l'imperfectif **ka**. Cette façon de combiner le temps et l'aspect du discours correspond parfaitement au signifié de l'imparfait en français.

Ce même imparfait se fera sans **ka** pour tous les verbes qui ne prenaient pas **ka** à l'imperfectif.

Pronoms personnels	Marqueur du passé	Verbes prenant **ka** à l'imperfectif	
an		maché	je marchais
ou		palé	tu parlais
i	té	ri	il/elle riait
nou		chanté	nous chantions
zòt		manjé	vous mangiez
yo		jwé	ils/elles jouaient

Pronoms personnels	Marqueur du passé	Verbes ne prenant pas **ka** à l'imperfectif	
an		vlé	je voulais
ou		konnèt	tu connaissais
i	té	enmé	il/elle aimait
nou		sav	nous savions
zòt		hay	vous haïssiez
yo		swèf	ils/elles avaient soif

REMARQUES

Té ka se construit toujours dans cet ordre et jamais l'inverse.

La forme négative du passé continu se fait avec **pa** devant le marqueur **té** :
Nou pa té ka vwè Jan, *Nous ne voyions pas Jean.*
An pa té swèf, *Je n'avais pas soif.*

La forme interrogative de l'imparfait se construit avec le pronom interrogatif placé devant le sujet : **Ka ou té ka manjé ?** *Que mangeais-tu ?* **Ès ou té sav ?** *Savais-tu ?*

DIRE L'HEURE

L'heure se dit comme en français à quelques ajustements phonologiques près : **sétè é dimi**, *sept heures et demie* ; **uitè mwenlka**, *huit heures moins le quart* ; **midi** !

Cependant il n'est pas rare que, dans le langage parlé, on précise le moment de la journée : **sétè-d-maten**, *sept heures du matin* ; **twazè-d-laprémidi**, *trois heures de l'après-midi ;* **névè-d-swa**, *neuf heures du soir.*

UN MARQUEUR D'ANTÉRIORITÉ JA

Lorsqu'une action en précède une autre, que cette dernière soit énoncée ou non, on utilise la particule **ja/dja**, *déjà* pour marquer l'antériorité de la première énoncée :
An té ja la lè ou rivé. *J'étais déjà là quand tu es arrivé.*
Ou ja ni on dosyé ? *Vous avez déjà un dossier ?* (sous-entendu avant cet instant).

REMARQUE Dans la combinaison de marqueurs, **ja** se place toujours après **té** ou **ké**, mais avant **ka**. L'ordre à retenir est **PA TÉ KÉ JA KA**. Nous aurons l'occasion de revenir sur ce point.

VOCABULAIRE

kouté *écouter*
penti *peinture*
loto/vwati *auto/voiture*
koté nou/kotésit *de notre côté, chez nous.*
isidan *ici, de notre côté (intérieur), en ce lieu*
alòs/alò *ainsi, donc*
atann *attendre*
Kay ouvè. *Va ouvrir.* (Notez le futur proche avec le marqueur **kay**)
viré/déviré *revenir*
Pa pè ! *N'aie pas peur, n'ayez crainte !*

POUR ALLER PLUS LOIN
Le garage a pour enseigne **Dékalbòs** de la déformation de *Décabosse*, du verbe *décabosser* qui se dit **dékalbosé** en créole. Il n'est pas rare qu'en créole, on ajoute une consonne, comme pour exagérer et donner plus d'effet à l'action.

⬢ EXERCICES

1. COMPLÉTEZ LES PHRASES SUIVANTES AVEC :
té ka, ja, té ja, té vlé, té ni.

a. An .... vini vwè-w.

b. An .... travay lè yo rivé.

c. Madanm-la .... déviré ! (2 possibilités)

d. Misyé-la pa .... lajan pou péyé-w.

e. Jak .... las atann Adliz. (2 possibilités)

2. TRADUISEZ EN CRÉOLE LES PHRASES SUIVANTES.

a. Elle ne comprenait pas le créole.
....

b. Est-ce que vous viendrez nous voir ?
....

c. Il faut que tu saches ce que tu veux.
....

d. Qui leur dira qu'il faut qu'ils reviennent ?
....

e. J'avais rendez-vous à sept heures quarante-cinq.
....

9.
JOUR DU RENDEZ-VOUS
JOU A RANDÉVOU-LA

OBJECTIFS

- PRÉSENTER LES PRINCIPAUX ÉLÉMENTS D'UN ÉCHANGE ENTRE UN CLIENT ET UN PRESTATAIRE DE SERVICE
- DIRE COMMENT LE CLIENT PEUT PRÉCISER SES ATTENTES
- DONNER LES ÉLÉMENTS PRÉCISANT LES CONDITIONS DE PAIEMENT

NOTIONS

- VOYELLES ORALES OUVERTES, VOYELLES ORALES FERMÉES ET PRONONCIATION DU [H] ASPIRÉ
- DEUX PRÉPOSITIONS ADVERBIALES COURANTES : BA ET POU
- DES AUXILIAIRES MODAUX
- RETOUR SUR LE VERBE AVOIR
- UNE AUTRE TOURNURE DE DUPLICATION DU VERBE
- DES VARIANTES DU PRONOM INTERROGATIF

LE JOUR DU RENDEZ-VOUS

Raymonde : Bonjour monsieur, que puis-je pour vous ?

Jean Albert : Bonjour madame, j'ai rendez-vous aujourd'hui à sept heures et demie.

Raymonde : Ah oui, vous êtes monsieur Jean… Jean Albert ?

Jean Albert : C'est bien cela !

Raymonde : Bienvenue ! Bonjour, je suis Raymonde, c'est moi qui vous ai fixé le rendez-vous. Vous (nous) avez trouvé sans difficulté ?

Jean Albert : Oui, j'ai grandi non loin d'ici.

Raymonde : Parfait, eh bien je vous demanderai de m'accorder deux petites minutes, le temps de finir avec la personne que j'ai en face de moi en ce moment. Que puis-je vous offrir pour vous faire patienter : un café ou un jus ?

Jean Albert : Je prendrai un petit café. Je n'ai pas eu le temps d'en prendre ce matin.

Raymonde : Monsieur Jean ? Approchez-vous. Asseyez-vous. Où sont les papiers de la voiture ?

Jean Albert : Voilà la carte grise et la clé de la voiture.

Raymonde : Où êtes-vous stationné ?

Jean Albert : La voiture se trouve devant le hangar à droite en sortant du bureau.

Raymonde : Nous avons donc bien dit qu'il était question de peindre toute la voiture ! Toujours de la même teinte ?

Jean Albert : Je confirme.

Raymonde : Est-ce que (Vous avez) quelqu'un (qui) vient vous récupérer ou dois-je demander à ma collègue de vous monter un dossier de location de voiture ?

Jean Albert : J'ai quelqu'un qui m'attend. Merci pour votre offre. Combien de temps cela va-t-il prendre ?

Raymonde : Il faut compter une bonne semaine de travail selon ce que m'ont dit les gens de l'atelier. Mais n'ayez crainte, nous avons votre téléphone, nous vous appellerons sitôt votre voiture prête.

Jean Albert : J'espère que vous vous activerez pour moi. Et pour le règlement, comment puis-je payer (régler) ça ?

Raymonde : Vous pouvez payer jusqu'à quatre fois sans frais avec votre carte de crédit.

Jean Albert : Parfait ! Faisons comme cela.

JOU A RANDÉVOU-LA

Rémonn : Byenbonjou misyé an-mwen, ka an pé fè ba-w ?

Jan Albè : Byenbonjou madanm an-mwen, an ni randévou jòdi-la a sétè é dimi.

Rémonn : A wi, ou sé misyé Jan… Jan Albè ?

Jan Albè : Sé sa menm !

Rémonn : Nou kontan vwè-w ! Bonjou, an sé Rémonn, sé mwen i ba-w randévou-la. Ou touvé la nou yé san pwoblèm ?

Jan Albè : Wi, an lévé pa lwen kotésit.

Rémonn : Bon, ében an ké mandé-w b'an-mwen dé ti minit, tan pou an fin épi moun-la i la douvan-mwen alè. Ka an pé ofè-w pou fè-w atann ; on kafé ouben on ji ?

Jan Albè : An ké pran on ti kafé. An pa té ni tan pran-y bonmaten-la.

Rémonn : Misyé Jan ? Vansé-w owa mwen. Pran plas. O papyé a vwati-la ?

Jan Albè : Mi kat griz-la é mi klé a loto-la.

Rémonn : Ola ou garé ?

Jan Albè : Vwati-la douvan anga-la adwèt lèwvwè ou sòti an biwo-la.

Rémonn : Alòsdonk nou di sé pentiré pou pentiré tout vwati-la ! Toujou menm koulè-la ?

Jan Albè : Sésa menm !

Rémonn : Ou ni on moun ka vin chèché-w ouben fo an mandé kolèg an-mwen fè on dosyé lokasyon vwati ba-w ?

Jan Albè : An ni on moun ka atann-mwen. Mèsi pou pwopozisyon a-w. konmen jou sa kay pran ?

Rémonn : Fo konté on bon simenn travay dapré sa sé moun a latilyé-la di-mwen. Mé pa pè, nou ni téléfòn a-w, nou ké kriyé-w paré vwati a-w paré.

Jan Albè : An ka èspéré zòt ké pòté bon mannèv pou mwen. É pou péyé-la, kijan an pé péyé sa ?

Rémonn : Ou pé péyé jik a kat fwa san fré épi kat blé a-w.

Jan Albè : I bon ! Nou ka fè konsa.

COMPRENDRE LE DIALOGUE
EXPRESSIONS

→ **Misyé an-mwen/madanm an-mwen** sont des tournures de politesse, **an-mwen** n'étant pas dans ce cas à prendre au sens de la possession.
→ **Ou sé/sé vou (k)i.** *Vous êtes, c'est vous qui êtes.* De même **An sé Rémond/ Sé mwen (k)i Rémond.**
→ **Alè-la**, *maintenant (*litt. *à l'heure là)* pourra aussi se dire **alèkilé**, *maintenant (*litt. *à l'heure qu'il est).*
→ **Ka an pé ofè-w ?** *Que puis-je vous offrir ?* Cette expression d'accueil est répandue.
→ **Pou rédé-w atann/pou fè-w atann.** *Pour vous faire patienter (*litt. *Pour vous aider à attendre).*
→ **Lèwvwè/lè**, *quand.* **Adwèt lèwvwè ou sòti an biwo-la.** *À droite en sortant du bureau (*litt. *À droite quand vous êtes sorti dans bureau.).* **Lè** est la forme tronquée de **lèwvwè**.
→ **Sé sa menm/sé byen sa.** *C'est cela (*litt. *c'est cela même)* **menm** est utilisé pour renforcer une affirmation. **Sé li menm**, *c'est bien lui.*
→ **Pòté mannèv/pòté bon mannèv**, *faites vite/faites au plus vite. (*litt. *portez bonne manœuvre).*
→ **Péyé-la**, *le règlement* et **péyé fakti-la**, *payer la facture.* Comme dans cet exemple, le verbe **péyé** peut être utilisé comme nom.

PHONOLOGIE

En créole, l'opposition est très importante entre les voyelles ouvertes et les voyelles fermées telles que /ɔ/et/o/de même entre/ɛ /et/e/. Efforcez vous de prononcer ce proverbe : **Vòlè volé vòlè**, **dyab ka ri.** *Tel est pris qui croyait prendre (*litt. *Voleur a volé voleur diable rit).*

En français, le/h/n'est plus prononcé, mais en créole comme en anglais, il continue à être fortement aspiré : **hanga**, *hangar ;* **halé** *haler ;* **hélé** *héler ;* **hotè** *hauteur.* Il pourra même être prononcé /r/et on entendra **raché** pour *hacher,* **rélé** pour *héler,* **ray** pour *haïr.*

◆ GRAMMAIRE
DEUX PRÉPOSITIONS ADVERBIALES : BA ET POU

Ka an pé fè ba-w ? Ka an pé fè pou-w ? Ba et **pou** sont des propositions adverbiales qui ne confèrent pas au verbe (ici **fè**) le même sens : **Fè on biten ba on moun**, *faire quelque chose pour (venir en aide à) quelqu'un*, tandis que **fFè on biten pou on moun**, c'est *faire quelque chose (à la place de) quelqu'un*. **Fè sa ban mwen** est différent de **fè sa pou mwen**, même s'il arrive que certains locuteurs se trompent.

REMARQUE **Ba** peut être une préposition ou avoir une fonction verbale : **Ba Janèt liv-lasa ban-mwen**, *Donne à Jeanette ce livre de ma part* ; **Ban-nou lè!** *Faites place! Dégagez!* (litt. *Donnez-nous l'air*).

DES AUXILIAIRES MODAUX

Dans l'expression **Kijan an pé péyé ?** *Comment je peux payer ?* **Pé** exprime la possibilité et a pour fonction de moduler le verbe *payer*. Les verbes ou autres termes qui ont cette fonction de moduler sont des modaux. En créole, il existe quelques modaux à connaître : **pé**, *pouvoir* ; **sa**, *savoir* ; **pé + sa**, *pouvoir+ savoir = capable* ; **pou**, *pour = obligation* ; **ni pou**, *avoir pour = obligation absolue* ; **dwèt**, *devoir* ; **fo**, *falloir*.
Kijan an ké ni pou péyé ? *Comment me faudra-t-il (obligation) payer ?*

RETOUR SUR LE VERBE AVOIR : TINI/TIN/NI

Tini et ses variantes **tin** et **ni** font partie des verbes qui ne prennent pas **ka** à l'imperfectif. La forme la plus couramment utilisée est **ni** et se construit ainsi :

À l'imperfectif (présent)	**an ni** *j'ai*	**an pa ni** *je n'ai pas*
Au perfectif (passé)	**ou té ni** *tu as eu*	**ou pa té ni** *tu n'as pas eu*
À l'imperfectif passé (imparfait)	**i té ni** *il avait*	**i pa té ni** *il n'avait pas*
Au futur	**ou ké ni** *vous aurez*	**ou pé ké ni** *vous n'aurez pas*
Au conditionnel	**zòt té ké ni** *vous auriez*	**zòt pa té ké ni** *vous n'auriez pas*

REMARQUES **Ni** se construisant sans **ka** n'a qu'une expression pour exprimer le passé et l'imparfait. Comme tous les verbes, **ni** peut se combiner avec les modaux : **An pé ni**, **ou sa ni**, **i pé sa ni**, **nou pou ni**, **zòt dwèt ni**, **fo yo ni**.

UNE AUTRE TOURNURE DE DUPLICATION DU VERBE

Nous avons vu au cours de la leçon précédente que la tournure d'insistance se construisait avec la répétition du verbe (construction sérielle) : **Woupentiré pou woupentiré vwati an-mwen.** *(C'est) repeindre pour repeindre ma voiture.*

En voici une autre qui permet de dire la proximité dans la succession de deux actions : **Paré loto a-w paré nou ké kriyé-w pou fè-sav-la.** *Aussitôt que votre voiture sera prête, nous vous appellerons pour vous le faire savoir.*

DES VARIANTES DU PRONOM INTERROGATIF OLA

O papyé a vwati-la ? *Ou sont les papiers de la voiture ?* peut aussi se dire : **Oti papyé a vwati-la ?** Ces deux tournures sont deux formes raccourcies de : **Ola papyé a vwati-la yé ?** La forme pleine de ce pronom était **otila**, une forme que l'on entend encore quelquefois : **Otila ou garé ? Ola ou garé ? O ou garé ?** sont trois façons de dire *Où êtes-vous stationné ?*

C'est l'explication de ses variantes **Ola**, **Oti**, **O** et même **la** pour traduire *où* quand il s'agit d'une question fermée : **Ola ou ka rété ?** (question ouverte) **Sé la ou ka rété ?** (question fermée).

● EXERCICES

1. COMPLÉTEZ LES PHRASES SUIVANTES AVEC : ola, ba, ban, palé, lasa, rivé.

a. .... i rivé i mandé manjé.

b. .... Jak sa .... mwen.

c. .... yo k'ay ?

d. Timoun .... sé timoun an-mwen.

e. Palé ou ni pou ou .... ba timoun a-w.

VOCABULAIRE

randévou *rendez-vous*
kontan *content, heureux*
vansé *avancer;* **vansé plipré** *approcher*
owa *près de, à côté de*
lévé *avoir été élevé, avoir grandi*
garé *parquer, stationner*
kafé *café*
mandé *demander*
moun *les gens, personne, quelqu'un*
simenn *semaine*
bonmaten-la *ce matin* (litt. *ce bon matin*)
kat blé *carte bancaire* (litt. *carte bleue*)
Nou ka fè konsa! *Marché conclu!* (nous faisons comme cela)

POUR ALLER PLUS LOIN

randévou est couramment utilisé, cependant on pourra entendre également **ni mo** *avoir (pris) mot*, **Nou ni mo.** *Nous avons rendez-vous.*

Kontan vwè-zòt. est devenu la formule habituelle pour souhaiter la bienvenue (litt. *heureux de vous voir*). Autrefois, *bienvenue* se disait **bònarivé!** (litt. *bonne arrivée*)

Lévé peut aussi avoir le sens de *se lever*, et même de *se réveiller.*

Garé a un contraire **dégaré** *quitter un stationnement, sortir du garage* (y compris de la concession auto pour une voiture neuve)

Kafé est aussi utilisé comme verbe par certains avec le sens de *prendre son petit déjeuner :*
Ès ou ja kafé bonmaten-la?
As-tu déjà pris ton petit déjeuner ce matin?

Moun peut aussi prendre le sens d'un pronom personnel indéfini :
moun ka palé, *les gens parlent, on parle.*

2. ÉCOUTEZ ET TRANSCRIVEZ LES PHRASES ENREGISTRÉES, PUIS INDIQUEZ À QUELLE TRADUCTION FRANÇAISE ELLES CORRESPONDENT.

a. ....
b. ....
c. ....
d. ....
e. ....

1. Quand vous sortirez d'ici c'est la première rue à droite.
2. Aussitôt arrivé Jacques est reparti.
3. Donnez-moi ce livre.
4. Dites-moi où vous allez.
5. Que puis-je pour vous?

II

LA

VIE

QUOTIDIENNE

10. CHERCHER UN LOGEMENT
CHÈCHÉ ON KAZ

OBJECTIFS

- SAVOIR DONNER DES INFORMATIONS SUR LE LOGEMENT RECHERCHÉ
- SAVOIR DONNER DES INDICATIONS
- DÉCOUVRIR SON ENVIRONNEMENT LOCATIF

NOTIONS

- L'ADJECTIF DÉMONSTRATIF LASA
- UNE CONSTRUCTION PARTICULIÈRE : SA… SA… SA
- LA PROPOSITION SUBORDONNÉE RELATIVE
- LA CONJONCTION DE COORDINATION APRÉ…

VOUS CHERCHEZ UNE MAISON ?

Le jeune homme : Bonjour ma petite dame !

La dame âgée : Bonjour jeune homme !

Le jeune homme : Désolé de vous importuner. Je passais dans les environs et cet endroit m'a séduit. Cela a l'air paisible par ici !

La dame âgée : Ah oui (pour ça), c'est sûr ! C'est un endroit très agréable ! On se connaît tous par ici !

Le jeune homme : À ce que j'entends, il y a longtemps que vous vivez par ici !

La dame âgée : Il y a pas mal de temps ! Mes enfants et moi sommes nés pas loin d'ici.

Le jeune homme : Justement ! Quelle aubaine ! Vous ne savez pas s'il y a une maison à louer dans le coin.

La dame âgée : Vous cherchez une maison ? Grande comment la maison que vous recherchez ?

Le jeune homme : Un deux pièces, cuisine, salle à manger avec une terrasse. Avec une petite cour ou un petit jardin, cela serait encore mieux.

La dame âgée : Vous vivez seul ?

Le jeune homme : Oui, je viens tout juste de commencer (dans) un nouveau travail non loin d'ici.

La dame âgée : Écoutez ! Il paraît que madame Marguerite loue une maison qui se trouve dans la rue derrière. Allez la voir. Dites-lui que vous venez de ma part. Elle acceptera peut-être de vous la louer. Vous savez, elle n'aime guère louer à des étrangers.

Le jeune homme : Et je la trouve où, votre madame Marguerite ?

La dame âgée : Regardez ! Quand vous sortirez d'ici, vous remontez la rue, après avoir traversé deux rues, la deuxième maison sur (à) votre droite, (c'est où) vous la trouverez.

Le jeune homme : Et bien je vous remercie grandement pour l'information. Bonne journée ma petite dame. Et encore merci !

La dame âgée : Bonne journée mon enfant ! Prenez soin de vous !

OU KA CHÈCHÉ ON KAZ ?

Jennjan-la : Byenbonjou anman-la !

Granmadanm-la : Byenbonjou jennjan !

Jennjan-la : Eskizé-mwen déranjé-w. An té ka pasé an patiraj-la é an vin touvé-mwen byen enmé ti kwen-lasa. Sa ka sanm sa sa trankil isidan !

Granmadanm-la : A pou sa ou pé di sa ! Sé on bon ti kwen toubòlman ! Noutout konnèt-nou kotésit !

Jennjan-la : Dapré sa an ka tann, ni lontan ou ka rété kotésit !

Granmadanm-la : Pou lontan, ni lontan an ka rété kotésit ! Lonbrik an-mwen é ta tout pitit an-mwen téré pa lwen isidan.

Jennjan-la : Dyèktèman ! Sé Bondyé i voyé-w ! Ou pa konnèt p'on kaz a lwé pa kotésit.

Granmadanm-la : Ou ka chèché on kaz ? Ki grandè kaz ou ka chèché la ?

Jennjan-la : On dé pyès, kuizin, on séjou épi on véranda. Si ni on ti lakou oben on ti jaden sa té ké pliméyè ankò.

Granmadanm-la : Ou tousèl ?

Jennjan-la : Wi, an sòti démaré adan on nouvo travay touprè kotésit.

Granmadanm-la : Kouté ! Dapré sa an tann man Mawgrit ka lwé on kaz an lari dèyè-la. Ay vwè-y. Di-y konsa sé mwen i ka voyé-w. I pé rivé a lwé-y ba-w. Ou sav i pa gè enmé lwé ba mounvini.

Jennjan-la : É ola an ka touvé-y man Mawgrit a-w-la la ?

Granmadanm-la : Gadé ! Lèwvwè ou ké kité isidan, ou ka pran alamonté, apré ou janbé dé lari, dézyèm kaz-la si men dwèt a-w, sé la konsa ou ké touvé-y.

Jennjan-la : Eben an ka di-w on gran mèsi pou ransèyman-la. Bon jouné anman-la. É mèsi ankò !

Granmadanm-la : Bon jouné pitit an-mwen ! Pòté-w byen !

COMPRENDRE LE DIALOGUE
EXPRESSIONS

→ **Anman-la**, *la dame âgée (la grande dame)*. Ici, les personnes d'âge avancé sont appelées **Granmoun**. Ainsi, on forme **granmadanm** et **grannonm**, des termes qui pourraient être traduits affectueusement par *mamie* et *papi* plutôt que par *vieille dame* et *vieux monsieur*. Attention toutefois, **grangason** ne signifie pas du tout *vieux garçon*, mais *fils aîné* !

→ **Eskizé-mwen déranjé-w.** *Désolé de vous importuner.* (litt. *Excusez-moi de vous déranger*). Cette expression a été vue dans une précédente leçon et on la retrouve cette fois-ci en début de phrase, comme annoncé précédemment. C'est une façon polie d'engager la conversation avec quelqu'un qui peut être occupé au moment où on l'aborde.

→ **Sa ka sanm sa.** *Ça a l'air.* (litt. *Ça semble que*) est une variante possible de **Yo té'é (té ké) di.** *On dirait que* ou de **I ka sanm sa i grenné = Yo té'é (té ké) di i grenné.** *On dirait qu'il est ivre.*

→ **Noutout konnèt-nou.** *Nous nous connaissons tous* (litt. *Nous tous nous connaissons*), ainsi formera-t-on **zòtout**, *vous tous* ; **yotout**, *eux tous*.

→ **Dapré sa an ka tann.** *D'après ce que j'entends = À vous entendre.* **Dapré sa an tann**, *d'après ce que j'ai entendu, à ce qui paraît, selon la rumeur*. Cette expression marque la prudence du locuteur qui n'a pas été informé directement de la chose et n'est donc pas certain.

→ **Pou lontan ni lontan.** *Il y a pas mal de temps.* (litt. *Pour longtemps il y a longtemps*). Cette tournure avec répétition est fréquente pour indiquer un temps ou un nombre incalculable, comme dans **Pou moun té ni moun.** *Il y avait énormément de monde.*

→ **Lonbrik an-mwen téré.** *Mon nombril est enterré.* Cela signifie que l'on est originaire de l'endroit en question. On y est venu au monde et c'est le lieu où, comme le voulait la coutume, le cordon a été enfoui, traditionnellement sous un arbre.

→ **Sé Bondyé i voyé-w !** *Quelle aubaine !* (litt. *C'est Dieu qui t'a envoyé*) est une expression qui traduit une aubaine, une chance inespérée comme un miracle. **Sé voyé yo voyé-w** en remplaçant **Bondyé** par **Yo** et en répétant **voyé** traduit un sentiment de harcèlement et/ou d'agacement **Sé voyé yo voyé-y.** *Tu m'agaces.*

→ **I pé rivé a lwé ba-w.** *Elle peut arriver à louer pour toi.* Cette formule traduit un espoir limité, comme dans **Sa pé rivé**, *C'est possible* (litt. *Ça peut arriver*).

→ **Pran alamonté**, *remonter* (litt. *Prendre à la montée*) indique le mouvement physique vers le lieu indiqué. Si l'action implique un mouvement vers une pente, on dit : **Pran aladésann.**

→ **Si men dwèt a-w**, *à votre/ta droite* (litt. *sur ta/votre main droite*) ; **si men gòch a-w**, *à votre/ta gauche.*

NOTE CULTURELLE

En Guadeloupe, bien qu'il existe des agences immobilières, il est fréquent de trouver un logement par relation, en direct. De même il est préférable, dans ce cas-là, d'être recommandé par quelqu'un. On a ainsi plus de chance d'être écouté et d'avoir un dénouement positif.

◆ GRAMMAIRE
L'ADJECTIF DÉMONSTRATIF LASA

Lasa se place après le nom qu'il détermine. Il ne varie pas en genre : **kaz-lasa**, *cette maison* ; **chimen-lasa**, *ce chemin ;* **simenn-lasa**, *cette semaine.*
Ola an kay touvé man Magrit-lasa ? *Où vais-je trouver cette madame Marguerite ?*
An byen enmé ti-kwen-lasa. *J'aime bien ce petit coin.*
Cependant, l'adjectif démonstratif varie en nombre selon la construction suivante **sé... lasa : Sé timoun-lasa**, *ces enfants.*

UNE CONSTRUCTION PARTICULIÈRE SA... SA... SA

Sa^1 ka sanm sa^2 sa^3 trankil isidan. *Ça a l'air paisible par ici (*litt. *Ça semble que cela est tranquille ici).*
   Sa^1 est un pronom personnel neutre sujet du verbe **sanm.**
   Sa^2 joue le rôle d'une conjonction de subordination.
   Sa^3 est pronom personnel neutre sujet du verbe *être (absent).*
Sur le même modèle, on pourrait dire : **Ou ka sanm sa ou pa byen.** *On dirait que tu n'es pas bien.*

LA PROPOSITION SUBORDONNÉE RELATIVE

La phrase **ki grandè kaz ou ka chèché la ?** pourrait se dire **ki grandè a kaz-la ou ka chèché ?** Le déterminant **la** du nom **kaz** est rejeté en fin de phrase.
Sur le même modèle : **Granmadanm-la nou ka palé la.** *La dame âgée dont nous parlons.*

LA CONJONCTION DE COORDINATION APRÉ...

Apré ou janbé dé lari. *Après que tu aies traversé deux rues.*
Avan i ni tan palé. *Avant qu'il (n')ait eu le temps de parler.*

● EXERCICES

1. COMPLÉTEZ LES PHRASES SUIVANTES AVEC :
-lasa, la, apré, sa, ki, ola.

a. .... grandè kaz ou té ka chèché .... ?

b. .... an ké touvé-y moun... ?

c. .... ka sanm .... pa mové menm.

d. .... ou travèsé chimen.................... ou ka pwan adwèt !

e. Yo ka lwé kaz........................... ayen lajan.

2. TRADUISEZ EN CRÉOLE LES PHRASES SUIVANTES.

a. J'aimerais un T2 avec une cuisine, une véranda et un petit jardin.
....

b. Désolé de vous importuner mamie, mais j'aimerais vous parler.
....

c. Selon mes informations, la deuxième maison à votre droite est à louer.
....

d. Le coin paraît paisible.
....

e. Dites-lui que vous venez de ma part.
....

VOCABULAIRE

chèché *chercher, rechercher*
kaz *maison, logement*
jennjan *jeune gens, jeune homme*
Granmadanm *Mamie, dame âgée*
patiraj *environs (les), alentours (les)*
konnèt *connaître, savoir*
tikwen *lieu, endroit en général agréable ou joli avec le diminutif* **ti**
sanm *sembler, ressembler*
trankil *calme, paisible*
toubòlman *énormément*
lontan *longtemps*
dapré *selon, d'après*
pitit *enfant, progéniture, descendance*
lonbrik *nombril*
téré *enterrer, enseveli, enfoui*
tusèl *seul, célibataire*
dyèktèman *exactement, précisément, justement, au fait*
dé pyès *T2, deux pièces*
kuizin *cuisine*
véranda *véranda*
lakou *cour*
jaden *jardin*
janbé *enjamber, traverser*
lari *rue*
toupré/pa lwen *proche de, non loin*
dèyè *derrière*
lwé *louer*
gè *guère*
mounvini *inconnu, étranger*
lèwvwè *quand, lorsque*
touvé *trouver*
kité *laisser, abandonner*
ransèyman *renseignement, information*

POUR ALLER PLUS LOIN

Une information ou renseignement à valeur non polémique se dit **ransèyman** alors que le commérage, l'indiscrétion se dit **kamo** avec sa variante **fré** *scoop (frais).* **B'an ba-w on fré.** *Laisse-moi te donner un scoop* (litt. *Donne-moi te donner un frais* « *une nouvelle fraîche* » en général basé sur des ragots).

11.
COUP DE CHANCE

MI CHANS MI

OBJECTIFS

- ÉCHANGE DE BANALITÉS SUR LE QUOTIDIEN
- PROFITER D'UNE OPPORTUNITÉ POUR S'INFORMER
- SE FÉLICITER D'UNE OCCASION POUR SE LOGER À DES CONDITIONS AVANTAGEUSES

NOTIONS

- LE VERBE FALLOIR
- UNE CONSTRUCTION PARTICULIÈRE : LA… LA… LA.
- L'EXPRESSION DE L'OBLIGATION : POU ET NI POU
- DES PRONOMS COMPLÉMENTS DIRECTS ET INDIRECTS
- FUTUR PROGRESSIF KÉ + KA

TU AS VRAIMENT DE LA CHANCE !

Julien : Comment vas-tu Agathe ?

Agathe : Couci-couça, et toi comment ça va ?

Julien : Bof ! Je suis dans une mauvaise passe !

Agathe : Mauvaise passe ? Pourquoi ? Que se passe-t-il ?

Julien : Il me faudra bientôt déménager. Je cherche une maison où habiter.

Agathe : Comment ? Tu n'es pas bien là où tu habites ?

Julien : Oui, mais non ! Je dois quitter la maison où je me trouve. Le propriétaire m'a demandé de la lui rendre pour sa fille. Elle doit quitter l'étranger. Elle doit arriver le mois prochain.

Agathe : Je connais une dame qui, elle, partira bientôt en France, elle aurait besoin d'une personne sérieuse pour lui garder sa maison durant toute une année.

Julien : Ce n'est pas vrai ? Où se trouve cette maison ? Elle est grande ?

Agathe : Tu as vraiment beaucoup de chance ! Oui, il s'agit d'une belle et grande maison entourée d'un jardin, en plein bourg. Comme en même temps tu seras en train de lui garder sa maison, aussi elle ne te demandera pas cher.

Julien : Ouah ! C'est trop beau ! C'est dieu qui t'envoie ? Merci Agathe !

Agathe : Il n'y a pas besoin de dieu pour rendre service à un ami, tu sais.

13 — OU CHANSLÉ TOUBÒLMAN !

Jilyen : Ki nouvèl a-w Agat ?

Agat : An la la an-mwen, é-w menm ?

Jilyen : Ay ! An ka pran fè !

Agat : Ou ka pwan fè ? Poukisa ? Ka i ka pasé ?

Jilyen : Kay fo mwen déménajé. An ka chèché on kaz pou an rété.

Agat : Kijansa ? Ou pa byen la la ou ka rété la ?

Jilyen : Si, mé awa ! An ni pou an sòti an kaz-la la an yé la. Mèt a kaz-la mandé-mwen rann li-y pou fi a-y. I kay sòti lòtbò. I pou rivé mwa pwochen.

Agat : An konnèt on madanm li sé pati i kay pati an Fwans. I té ké bizwen on moun sèryé pou gadé kaz a-y ba-y pannan on lanné.

Jilyen : A pa vré ! Ola kaz-lasa yé ? On gran kaz ?

Agat : Ou chanslé menm ! Wè on bèl gran kaz èvè on jaden alantou a-y, an mitan bou-la. Konmdifèt ou ké ka gadé kaz-la ba-y, an menm tan-la i pa kay mandé-w chè.

Jilyen : Woy ! Sa two bèl ! Sé Bondyé i voyé-w ! Mèsi Agat !

Agat : Pa bizwen Bondyé pou rann on zanmi sèvis ou sav.

■ COMPRENDRE LE DIALOGUE
EXPRESSIONS

→ **Ki nouvel a-w?** *Quoi de neuf? Comment vas-tu (*litt. *Quelles nouvelles à toi).* C'est la manière la plus courante de s'enquérir de l'état de santé de quelqu'un.

→ **An la la an-mwen**, *Couci-couça (*litt. *je suis là mon là).* Réponse aussi courante que la question précédente, elle rend compte de la banalité du quotidien : il n'y a rien de particulier à signaler.

→ **Pran fè!** *Aller mal, être dans une mauvaise passe (*litt. *Prendre fer).*

→ **Ka i ka pasé?** *Qu'est-ce qui se passe? (*litt. *quoi il passe).*

→ **Ka i pasé?** *Qu'est-ce qui s'est passé? (*litt. *quoi il est passé?)*

→ **Kay fo**, *il va falloir.* Cette tournure est expliquée ci-dessous.

→ **Sòti an kaz-la**, *sortir de la maison.* / **Rantré an kaz-la**, *entrer dans la maison.*

→ **A pa vré!** *Incroyable! (ce n'est pas vrai!).*

→ **Woy!** *Ouah!* Cette exclamation courante qui peut également se dire **way!**

→ **Sa bèl! Sa two bèl! Sa bèl menm! Sa bèl toubòlman!** Autant de façon de s'exclamer sur le côté exceptionnel d'un évènement. *C'est super!* Mais le top du top est **A pa ti-bèl sa bèl!** (litt. *ce n'est pas petit beau c'est beau!).* Retenez-la, nous aurons l'occasion de revenir sur cette construction particulière.

◆ GRAMMAIRE
LE VERBE FALLOIR

Fo *il faut*
Kay fo *il va falloir*
Ké fo *il faudra*
Té fo *il fallait, il a fallu*
Té ké fo *il faudrait*

Il en va de même avec le verbe *avoir* **Tini/tin/ni** : **Kay ni**, *Il va y avoir.*

REMARQUE : À la forme négative, on ne dit pas **Pa fo**, mais **Fo pa**. Pour tous les autres temps la particule de négation se place avant le marqueur : **pa kay fo**, **pa té fo**, **pé ké fo**, **pa té ké fo**.

UNE CONSTRUCTION PARTICULIÈRE LA... LA ... LA

An kaz-la[1] la[2] ou ka rété la[3] :
    la[1] est le déterminant du nom **kaz**, **kaz-la**, *la maison*.
    la[2] est la forme tronquée **la** du pronom interrogatif **ola**, *où*, dans le rôle de pronom relatif.
    la[3] est la répétition de **la[2]** rejeté à la fin de la proposition subordonnée.
Si le nom est remplacé par un adjectif, **la[1]** n'existe pas : **Ou pa byen la[2] ou ka rété la[3]** ?

L'EXPRESSION DE L'OBLIGATION POU ET NI POU

Pou employé seul introduit la notion d'une obligation non contraignante :
I pou sòti lòtbò. *Elle doit quitter l'étranger.*
Cette phrase se dit également : **I dwèt sòti lòtbò.** *(litt. Il est prévu qu'elle quitte l'étranger pour rentrer.).*
An ni pou sòti an kaz-la. *Je dois (absolument) sortir de la maison.* Cette expression pourrait aussi se dire : **Fo an sòti an kaz-la.**

DES PRONOMS COMPLÉMENTS DIRECTS ET INDIRECTS

Mèt a kaz-la ka mandé-mwen rann li-y. *Le propriétaire de la maison me demande de la lui rendre.* En créole, le premier pronom **li** désigne le propriétaire tandis que le second **-y** désigne la maison. Cette construction est inversée par rapport au français où le premier pronom **la** désigne la maison tandis que le second désigne le propriétaire. En créole, le pronom complément se rapportant à une personne précède toujours le pronom se rapportant à l'objet, alors qu'en français c'est l'inverse.

FUTUR PROGRESSIF KÉ + KA

Ou ké ka gadé kaz-la ba-y. *Tu seras en train de lui garder la maison.* Le marqueur **ké** (futur) suivi de **ka** (imperfectif) donnent au verbe qui les accompagne le sens d'une action qui dans le futur va durer, en français cela peut se traduire par être (au futur) *en train de.*

⬢ EXERCICES

1. COMPLÉTEZ LES PHRASES SUIVANTES AVEC :
ké ka, fo, toubòlman, konmdifèt, la.

a. Sa chè ....

b. Lè yo ké ka rivé an .... pati.

c. Jak ni pou i vini vwè-nou é nou .... nou ka atann-li.

d. Mòn-la .... ou ka rété .... sé on bèl tikoté.

e. .... ou sav si ou ka rété oben si ou ka pati.

🔊 2. ÉCOUTEZ ET TRANSCRIVEZ LES PHRASES ENREGISTRÉES,
13   PUIS INDIQUEZ À QUELLE TRADUCTION FRANÇAISE ELLES CORRESPONDENT.

a. ....   1. Il leur gardait leur maison pendant qu'ils étaient à l'étranger.

b. ....   2. Il a fallu qu'il la leur rende à leur retour.

c. ....   3. Vous serez en train d'arriver quand nous serons en train de partir.

d. ....   4. J'ai été heureux de vous rendre ce service.

e. ....   5. Tu n'as pas besoin de me le dire.

VOCABULAIRE

déménajé *déménager*
rété *habiter*
sòti *sortir, quitter*
mèt *maître, propriétaire*
rann *rendre, remettre*
lòtbò *étranger (pays), contrée lointaine*
pannan *pendant*
chanslé *chanceux*
alantou *autour, aux environs*
mitan *au beau milieu, dans le mitan*
konmdifèt *en effet, de ce fait*
chè *cher, coûteux, onéreux*
bizwen *avoir besoin de*

POUR ALLER PLUS LOIN

mèt a kaz-la *le maître de la maison est le propriétaire.* Ce vocabulaire fait un clin d'œil à l'histoire, car le maître de l'Habitation était aussi le propriétaire de la main-d'œuvre servile.

bèl *beau, belle*. Nous avons vu différentes expressions qui expriment les superlatifs de *beau*. Ces tournures peuvent s'appliquer à tout adjectif, ou état. Une autre encore plus expressive est **I bèl pa annèspré.** *Il est beau par exprès.* **I bèl pa méchansté.** *Elle est belle par méchanceté.* On pourrait traduire cette phrase par *C'est à se damner !* ou *C'est une tuerie !* ou *C'est un canon !*

lòtbò *étranger, l'autre bord (de l'eau)*. Il s'agit d'une vision d'insulaire pour qui est étranger tout ce qui vient d'ailleurs, de l'autre côté de la mer ; d'où les expressions **péyi-lòtbò**, **moun-lòtbò**.

chè *cher, coûteux, onéreux*. Une comparaison encore courante consiste à dire pour quelque chose de très coûteux **Sa chè tèt a nèg !** *Ça coûte la peau des fesses ! (litt. cher tête de nègre !)*. Encore une expression fossile qui a gardé l'empreinte du temps de l'Habitation.

12. APRÈS LA FÊTE
APRÉ TAN-LA

OBJECTIFS

- PARLER DES TÂCHES MÉNAGÈRES
- ÉNUMÉRER DIFFÉRENTES PARTIES DE LA MAISON
- MENTIONNER QUELQUES APPAREILS ÉLECTROMÉNAGERS

NOTIONS

- L'AGGLUTINATION
- LE PRONOM PERSONNEL INDÉFINI IL
- LE PRÉSENT D'HABITUDE KA (2)
- L'IMPÉRATIF

FAIRE LE MÉNAGE

Richard : Toc, toc, toc ! Marie t'es là ?

Marie : Ah Richard c'est toi ! Tu tombes vraiment mal, je n'ai pas de temps à te consacrer ce matin.

Richard : Que se passe-t-il ? Tu es de sortie ?

Marie : Sortie ! De quoi tu me parles ? J'ai tant de boulot devant moi à la maison que c'est désespérant. Les enfants ont organisé une fête hier soir et je ne te raconte pas dans quel état ils m'ont laissé la maison !

Richard : Holà, tu as raison, quel chantier ! Allons, ne te décourage pas, je vais t'aider pour aller plus vite. Que puis-je faire pour toi ?

Marie : Occupe-toi du salon et de la terrasse tandis que moi je fais la cuisine et les toilettes.

Richard : Marie, tiens j'ai mis les nappes et les serviettes sales dans le panier de linge sale.

Marie : Non, ajoute-les directement avec ce que j'ai déjà mis dans le lave-linge et lance-le. J'y ai déjà mis la lessive et sélectionné le programme. Attention à ne pas mélanger les couleurs !

Richard : Et pour les verres et les assiettes ? Je les mets dans le lave-vaisselle ?

Marie : Je n'ai pas ce genre de chose ! Met-les dans l'évier, je les laverai plus tard.

Richard : Maintenant, que puis-je faire d'autre pour toi ?

Marie : Brosse la terrasse pendant que je finis de passer la serpillère dans le couloir. Tiens, dans ce seau tu trouveras tout ce qu'il faut ; brosse, grésyl, eau de Javel, savon noir.

Richard : Où je prends l'eau ? Je ne vais pas traverser la maison avec mes pieds sales ?

Marie : Prends le tuyau qui sert pour arroser le jardin et tu trouveras une raclette dans le garage pour chasser l'eau.

Marie : Holà doux Jésus, déjà si tard et je n'ai pas encore mi mon repas au feu ! Heureusement que mes condiments sont déjà hachés, le poisson déjà assaisonné ; il ne me reste plus que les racines à éplucher.

Richard : Bon et bien Marie je te quitte, mon heure est venue. J'ai séché la terrasse et j'ai suspendu les tapis sur la ligne au soleil pour qu'ils sèchent.

Marie : Ah Richard ! Je ne te remercie pas, c'est Dieu qui t'a envoyé ce matin. Finalement tu ne pouvais mieux tomber.

Richard : Pas de soucis Marie, tu sais déjà. Tu peux compter sur tes amis et il est normal de s'entraider !

Marie : Tiens, emporte les ordures et jette-les dans la poubelle sur ta route s'il te plaît !

PWÒPTÉ KAZ

Mari : A Richa sé vou ! Ou ka mal tonbé toubòlman, an pa ni tan palé épi-w bonmaten-la

Richa : Ka i rivé-w ? Ou ka sòti ?

Mari : Sòti ! Ki sòti ésa ? Travay an ni an kaz-la ka atann-mwen, sé on dézagréman. Sé timoun-la fè on tan yèswè é an pa ka di-w an ki léta yo lésé kaz-la !

Richa : Woy, sé vré a-w, mi on chantyé mi ! Annou pa pèd lafwa ! An kay ba-w on pal pou ay pli vit. Ka an pé fè ba-w ?

Mari : Pran salon-la é galri-la ba-w pannan mwen an ka fè kuizin-la é sé watè-la.

Richa : Mari, mi, an sanblé tout sé nap é sèvyèt sal-la ansanm adan pannyé a lenj sal-la

Mari : Awa, mété-yo dyèktèman adan machin a lavé lenj-la anplis épi sa an ja mèt adan é fè-y touné. An ja mèt lésiv-la é an ja chwazi pogràm-la. Pangad pa mélanjé sé koulè-la !

Richa : É sé vè-la é sé zasyèt-la ? An ka mèté-yo adan machin a lavé vésèl-la ?

Mari : An pa tini sé kalité biten-lasa ! Mété-yo an lévyé-la, an ké lavé-yo plita.

Richa : Alè, ka an pé fè ba-w ankò ?

Mari : Kiré anba galri-la pannan an ka fin pasé sèpiyè an koulwa-la. Mi, an so-lasa ou ké touvé tousa i fo ; bwòs, grézil, javèl, savon nwè.

Richa : O an ka pran dlo-la ? An pa kay travèsé kaz-la épi pyé sal an-mwen ?

Mari : Pran tiyo-la ka sèvi pou wozé jaden-la é ou ké touvé on raklèt an garaj-la pou fè dlo-la pati.

Mari : Woy bondyé sényè, gay lè i ja yé é an pò'ò mèt manjé an-mwen an difé ! Érèzdibonnè zépis an-mwen ja raché, pwason-la ja asézoné ; ka rété yenki sé rasin-la pou pliché.

Richa : Bon ében Mari an ka lagé-w, lè an-mwen rivé. An suyé anba glari-la é an pann sé tapi-la asi lign-la an solèy-la pou yo séché.

Mari : A Richa ! An pa ka di-w mèsi, sé bondyé i voyé-w bonmaten-la. Anfinaldikont ou pa té pé pli byen tonbé.

Richa : Pa ni pwoblèm Mari, ou ja konnèt. Moun a-w sé moun a-w é sé on lanmen ka lavé lòt !

Mari : Mi, menné sé zòdi-la alé épi-w é lagé-yo an bèn-la asi chimen a-w ban-mwen souplé !

■ COMPRENDRE LE DIALOGUE
EXPRESSIONS

→ **Byen tonbé**, **mal tonbé**. Ne pas confondre **mal tonbé**, *pas le bienvenu*, *pas opportun* avec **tonbé mal**, *avoir un état, avoir un malaise*.

→ **Sé on dézagréman**. *C'est désespérant*. (litt. *C'est un désagrément.*). Cette expression souligne dans ce cas l'énormité de la tâche, mais, de façon générale, et tout simplement, le côté surdimensionné de la chose évoquée : **on dézagréman a kaz**, *une immense maison*.

→ **Bay on pal**, *aider, donner un coup de main (donner une pale)*. Cette expression provient probablement du vocabulaire de la marine, la pale étant la rame qui permet d'avancer.

→ **Erèzdibonnè**, *heureusement* ; *Malheureusement* se dit **malérèzsò**.

→ **Sèpiyè**, *serpillère* s'est longtemps dit **twèl a pyé**.

→ **Gay lè !** *Comme il est tard !* (litt. *Regarde l'heure !*) ; **Gay** = **gadé** *regarder* peut prendre différentes significations en fonction de la situation : **Gay sa tibwen**, *écoute un peu* et **gay sa b'an-mwen**, *occupe-t'en* (litt. *pour me rendre service*).

→ **Woy Bondyé sényè !** *Oh doux Jésus !* (litt. *Hola Dieu seigneur*). Il arrive parfois d'entendre **Ay Bondyé sényè Lavyèj Mari** ou **Ay Bondyé Mari Jozèf** (litt. *Toute la Sainte Famille au secours*) face à un désastre.

→ **Pò'ò** *pas encore* **pò'ò** est la version contractée de **pòkò**. Sur cette même forme, on trouvera **pa'a pa ka**, **pé'é pé ké**.

→ **Moun a-w sé moun a-w.** *Tu peux compter sur tes amis* (litt. *ton pote c'est ton pote*).

→ **On lanmen ka lavé lòt**, *une main lave l'autre*. Cet adage souligne une entraide naturelle.

→ **Méné alé épi…** *Emporter* (litt. *mène aller avec…*) alors que *apporter* se dit **méné vini**.

→ **Poubèl**, *poubelle*. Autrefois, on disait **bwèt a zòdi** (litt. *boîte des ordures*).

◆ GRAMMAIRE
L'AGGLUTINATION

L'article défini français est parfois agglutiné au nom : **lafwa**, **lévyé**, **légliz**, **lékòl**, **labé**, **lanmè**, etc. Nous aurons plusieurs fois l'occasion de revenir sur ce phénomène en particulier avec les pronoms possessifs : **monpè**, *curé* ; **masè**, *religieuse* ; **matant**, *tante* ; **monchè**, *cher* ; **machè**, *chère*.

LE PRONOM PERSONNEL INDÉFINI IL

Nous avions déjà rencontré les tournures **ni** *(il y a)* **pa ni** *(il n'y a pas),* **té fo** *(il fallait)* **pa té fo** *(il ne fallait pas).* Ici, **ka rété-nou** *(il ne nous reste plus que)* de même on pourrait dire **ka manké-nou** *(il ne nous manque plus que).*

Nous constatons que le *il* indéfini français est donc absent en créole dans ce type d'expressions, comme dans **ka fè cho** *(il fait chaud).*

Parfois, en créole, on détourne la difficulté en actualisant le phénomène : **Lapli ka tonbé.** *Il pleut.*

LE PRÉSENT D'HABITUDE KA(2)

Si **ka**[1] devant un verbe permet d'exprimer le présent continu : **An ka maché.** *Je suis en train de marcher, je marche.*

Ka[2], lui, permet de donner au verbe un caractère habituel répétitif ou d'exprimer une vérité générale : **On lanmen ka lavé lòt.** *Une main lave l'autre.*

▲ CONJUGAISON
L'IMPÉRATIF

À la première personne du pluriel, l'injonction **Annou!** employée seule signifie *Allons-y! On y va! On s'y met!* Le verbe **alé** est sous-entendu : **Annou alé!** Mais le plus souvent, **annou** est suivi d'un verbe : **Annou pati!** *Partons!* **Annou vwè!** *Voyons!* **Annou pa pèd lafwa!** *Ne nous décourageons pas!* (litt. *Ne perdons pas la foi!*).

À la forme négative, **annou** est suivi de **pa** devant le verbe : **Annou pa palé.** *Ne parlons pas.*

À la deuxième personne du pluriel, l'impératif permet de donner des ordres et se construit en utilisant la base verbale seule : **Pran salon-la ba-w.** *Occupe-toi du salon* (litt. *prends le salon pour toi*) ; **Mété-yo dyèktèman adan machin-la.** *Mets-les directement dans la machine* ; **fè-y touné,** *lance-le* (litt. *fais-le tourner*) ; **pran tiyo-la**, *prends le tuyau*, etc.

À la forme négative, **pa** est juste placé avant le verbe : **Pa palé!** *Ne parle(z) pas!*

● EXERCICES

1. COMPLÉTEZ LES PHRASES SUIVANTES AVEC :
ka, pé'é, toubòlman, annou, la, anfinaldikont, pò'ò.

a. .... pati avan lannuit tonbé.

b. Gay lè i yé ou .... ka dòmi !

c. .... ou té byen fèt vini.

d. Jòdi-la .... fè cho .... !

e. An .... pé fè tousa ou .... mandé-mwen .... !

2. TRADUISEZ EN CRÉOLE LES PHRASES SUIVANTES.

a. Mets les assiettes et les verres dans l'évier.
....

b. Je n'ai pas le temps de faire le ménage.
....

c. Hier au soir les enfants ont organisé une fête.
....

d. Je serais contente si tu pouvais m'aider.
....

e. Où as-tu mis le linge sale ?
....

VOCABULAIRE

salon *salon*
galri *galerie, terrasse*
watè *WC, toilettes*
sanblé *réunir, rassembler, collecter*
dyèktèman *directement*
pangad *attention, prends garde*
raché *haché*
suyé *essuyer, sécher*
manjé *manger, repas*
pwason *poisson*
dlo *eau*
tan *fête, soirée, partie*
pann *suspendre, pendre, accrocher*
machin a lavé lenj *lave-linge*
machin a lavé vésèl *lave-vaisselle*
sèpiyè *serpillère*
kiré *récurer*
zasyèt *assiette*
tiyo *tuyau*
pliché *peler, éplucher*
wozé/wouzé *arroser*
rasin *racines, légumes pays*
zépis *épices*
anfinaldikont *finalement, tout compte fait*
zòdi *ordures (les)*

13.
AU TRAVAIL

AN TRAVAY-LA

OBJECTIFS

- **IMMERSION DANS LA RÉALITÉ D'UNE ENTREPRISE**
- **RENDRE COMPTE DE LA SITUATION FINANCIÈRE ET ADMINISTRATIVE DE L'ENTREPRISE**
- **INFORMER DES RENDEZ-VOUS DE L'AGENDA ET RECEVOIR LES CONSIGNES DES JOURS PROCHAINS**

NOTIONS

- **LA CONCORDANCE DES TEMPS**
- **LA PROPOSITION SUBORDONNÉE RELATIVE SANS PRONOM RELATIF**
- **LE PRONOM DÉMONSTRATIF PLURIEL SÉLA**
- **PÉ PARTICULE DE NÉGATION AVEC PÉ VERBE POUVOIR**

AU BUREAU

Raymonde : Bonjour monsieur Serge !

Serge : Bonjour Raymonde. Dites-moi ce qui s'est passé durant mon absence !

Raymonde : Durant votre semaine d'absence, nous avons réceptionné quatre nouvelles voitures à l'atelier et nous avons livré celles pour lesquelles nous étions en attente de pièces.

Serge : Excellent ! Niveau finances ? Comment sommes-nous ?

Raymonde : Nous allons un peu mieux vu que nous avons eu une bonne rentrée d'argent. Les assurances nous ont versé ce qu'ils nous devaient et j'ai engagé un stagiaire pour relancer tous ceux qui avaient des restes à payer.

Serge : Génial ! J'espère qu'avec ça, la banque relâchera un peu sa pression.

Raymonde : Justement, vous avez rendez-vous avec le directeur de la banque jeudi prochain à neuf heures du matin. Je l'ai noté sur votre agenda.

Serge : Il vous a dit pourquoi ?

Raymonde : Il me semble que c'est pour revoir avec vous votre capacité d'endettement et renégocier le découvert.

Serge : Bien, quoi d'autre m'attend cette semaine ?

Raymonde : Demain mardi, à dix-neuf heures, vous avez une réunion avec les gens du syndicat pour une discussion sur les primes de transport et de salissure.

Serge : Holà, ça va être houleux, je le sens !

Le téléphone sonne…

Raymonde : Excusez-moi ! Garage Décabosse bonjour ! Ne quittez pas s'il vous plaît, je me renseigne. Monsieur Serge, j'ai le fournisseur de peinture en ligne. Il aimerait savoir s'il peut passer récupérer le chèque de la commande du mois dernier.

Serge : Non, je ne pourrai pas ce matin. Dites-lui de passer demain un peu avant midi. Le chèque sera prêt et à sa disposition au secrétariat.

Raymonde : Eh bien nous avons terminé ! Je crois vous avoir dit le plus urgent.

Serge : Et le photocopieur, comment va-t-il ? Il fonctionne maintenant ?

Raymonde : Oui, le technicien est passé le réparer avant-hier. Il l'a nettoyé, remis du toner et depuis, tout fonctionne à merveille.

Serge : Je suis bien heureux de l'apprendre vu que j'ai pas mal de photocopies à vous donner à faire pour envoi à tous nos clients. Venez dans mon bureau, je vais vous expliquer cela.

AN BIWO-LA

Rémond : Bonjou misyé Sèwj !

Sèwj : Bonjou Rémond ! Di-mwen ka i pasé pannan an pa té la !

Rémond : Pannan simenn-la ou pa té la la, nou rantré kat nouvo loto an latilyé-la é nou livré séla pou kilès nou té ka atann pyès.

Sèwj : Opwal ! Nivo lajan ? kijan an-nou ?

Rémond : Kò an-nou on jan méyè davwa nou ni bon lajan i rantré. Sé asirans péyé sa yo té ka dwé-nou é an pran on èstajyè pou kriyé tout sé moun-la i té rété ka dwé-nou kèkchòz.

Sèwj : I bèl ! An ka èspéré konsa, labank ké ban-nou on favè tibwen !

Rémond : Dyèktèman, ou ni randévou épi dirèktè a labank jédi-la ka rivé-la a névèdmaten. An maké sa asi ajanda a-w.

Sèwj : I di-w pou kibiten ?

Rémond : Dapré sa an konprann, sé pou wouvwè èvè-w kapasité andètman a-w é wounégosyé dékouvè-la.

Sèwj : Bon, ka i ka atann-mwen ankò simenn-lasa ?

Rémond : Dèmen mawdi, a sétèdswè, ou ni on sanblé èvè sé moun a sendika-la pou kozé asi sé prim a transpò-la é a salisman-la.

Sèwj : Way, sa kay cho, an ka santi sa.

Téléfòn-la sonné…

Rémond : Eskizé ! Garaj dékalbòs bonjou ! Rété-w la souplé, an ka mandé. Misyé Sèwj, an ni founisè a penti-la an téléfòn-la. I té ké enmé sav si i pé pasé chèché chèk a konmand a mwa pasé ?

Sèwj : Awa, an pé ké pé bonmaten-la. Di-y pasé dèmen tibwen avan midi. Chèk-la ké paré é ké ka atann-li an sèkrétarya-la.

Rémond : Eben nou bout ! An ka kwè an di-w pli présé-la.

Sèwj : E fotokopyè-la, ban nouvèl a-y ! I ka maché alè ?

Rémond : Wi, tèknisyen-la pasé réparé-y avantyè. I nétwayé-y, i woumèt lank é dèpisa toutbiten ka maché luil.

Sèwj : An byen kontan tann sa davwa an ni bon tibwen fotokopi a ba-w fè pou voyé ba tout kliyan an-nou. Vini an biwo an-mwen, an kay èspliké-w sa.

■ COMPRENDRE LE DIALOGUE
EXPRESSIONS

→ **Ou pa té la.** *Tu n'étais pas là.* Nous verrons ci-dessous, au niveau de la grammaire, les différentes façons de décliner le fait d'être présent ou absent.
→ **Opwal**, *au poil* est une expression du français parlé importée telle quelle en créole, qui peut aussi se dire **sa bon menm**!
→ **Kijan nou yé?** *Comment nous sommes?* se dit plus couramment **kijan an-nou?** *(litt. comment notre?)*. Il faut sous-entendre, d'après la réponse donnée à cette question : **Kijan kò an-nou yé? Kijan a kò an-nou ?**
→ **Kò**, *corps* désigne ici le corps de l'entreprise, confondu avec le corps de ses managers qui « font corps » avec elle. Nous aurons l'occasion de revenir sur l'emploi de **kò** dans de nombreuses expressions.
→ **Kò an-nou on jan méyè.** *Notre situation est un peu meilleure. (litt. notre corps un genre meilleur).*
→ **Kibiten?** *Quoi? (litt. Quelle chose?).* **I di-w pou kibiten?** *Il t'a dit pourquoi ?* **Kibiten** est un pronom interrogatif : **Kibiten ou vlé?** *Que veux-tu? (litt. Quelle chose tu veux).* **Ou ka di nenpòt kibiten.** *Tu dis n'importe quoi.*
→ **Sa kay cho!** *Ça va barder! (litt. Ça va être chaud!).*
→ **Maché luil/maché zuil.** *Comme baigner dans l'huile (litt. marcher l'huile).* Fonctionner comme une mécanique bien huilée. **Tout biten luil.** *Tout va bien.*
→ **Bay on favè.** *Faire une fleur, passer sur une difficulté, fermer les yeux sur (litt. donner une faveur).* Cette expression peut aussi vouloir dire *laisser tranquille* : **Ban-mwen on favè tibwen.** *Lâche-moi un peu les baskets.*

NOTE CULTURELLE

En Guadeloupe, les TPE (Très Petites Entreprises) représentent l'essentiel du tissu économique. Il est donc fréquent que la secrétaire soit polyvalente et multitâches. Elle cumule souvent les fonctions de secrétaire de direction, de standardiste, d'hôtesse d'accueil, d'aide-comptable et coursière vu qu'elle peut avoir à récupérer le courrier à la poste ou aller à la banque faire les versements et autres opérations. Elle est de ce fait l'œil et les oreilles du patron quand ce dernier s'absente.

PHONOLOGIE

Simenn, *semaine*. Les créolophones transforment presque systématiquement le phonème /e/ français en /i/ : **chimen**, *chemin* ; **chimiz**, *chemise* ; **vini**, *venir* ; **finèt**, *fenêtre* ; **simenn**, *semaine*, etc.

De même, le phonème /è/ suivi d'une consonne nazale est nasalisé en /en/ comme dans **simenn**, s*emaine* ; **penn**, *peine* ; **chenn**, *chaîne* ; **prochenn**, *prochaine* ; **menm**, *même* ; **pengn**, *peigne* ; **chatengn**, *châtaigne,* etc.

GRAMMAIRE
LA CONCORDANCE DES TEMPS

Ka i pasé pannan an pa té la ? *Que s'est-il passé en mon absence ? (*litt. *Quoi il est passé pendant je n'étais pas là).*

Deux actions : l'une sans le marqueur **té** pour dire que l'évènement a un **aspect accompli** tandis que l'autre (n'avoir pas été présent à ce moment-là) parle de ce **temps passé.**

An vini kotésit pannan ou té lòtbò-la. *Je suis venu ici pendant que tu étais à l'étranger.* Il va de soi que la deuxième action pourrait, si elle avait duré dans le temps, présenter un aspect inaccompli. **Yo pati pannan nou té ka domi.** *Ils/Elles sont parti(e)s pendant que nous dormions (*litt. *étions en train de dormir).*

LA PROPOSITION SUBORDONNÉE RELATIVE SANS PRONOM RELATIF

Pannan simenn-la ou pa té la la nou rantré kat loto… *(*litt. *Au cours de la semaine où vous étiez absent nous avons fait entrer quatre voitures).* Cette phrase aurait dû se dire **pannan simenn-la ola ou pa té la**. C'est le **la** de **ola** pronom relatif qui se retrouve à la fin de la proposition **ou pa té la la**.

LE PRONOM DÉMONSTRATIF PLURIEL SÉLA CEUX/CELLES

Nous avons vu l'adjectif démonstratif **lasa** qui se place après le nom qu'il détermine : **timoun-lasa**, *cet(te) enfant.*

Le pluriel de **lasa** est **sé… lasa** : **Sé timoun-lasa.** *Ces enfants.*

Le pronom démonstratif remplace le nom : **Nou livré séla nou té ka atann pyès pou yo la.** *Nous avons livré celles pour lesquelles nous attendions des pièces.* **Séla**, *celles* remplace *les voitures.*

Séla, *ceux, celles,* mais également *ceux-ci, celles-ci,* ceux-là, celles-là.
Au singulier, **sila**, *celui, celle,* mais également *celui-ci, celle-ci* (qui est plus proche);
tala, *celui, celle,* mais également *celui-là, celle-là* (qui est plus éloigné)?
Granmèt-la, <u>**sila/tala**</u> **i an syèl-la.** *Le Grand-maître, celui qui est au (dans le) ciel.*

PÉ PARTICULE DE NÉGATION AVEC PÉ VERBE POUVOIR

Nous avons vu que devant le marqueur modal **ké**, la particule de négation **pa** devient **pé**. Nous dirons **I pa ka palé.** *Il ne parle pas.* Mais **I pé ké vini.** *Il ne viendra pas.* Or le verbe *pouvoir* se dit également **pé**. Ainsi : **An pé ké pé bonmaten-la.** *Je ne pourrai pas ce matin.*

◆ EXERCICES

1. COMPLÉTEZ LES PHRASES SUIVANTES AVEC :
toutbiten, nou, té, séla, pé, ankò.

a. Kibiten ou vlé ....

b. Jak té malad, i pa té .... travay.

c. Ayen pa pasé pannan an .... lòtbò-la ?

d. Nou vann sé loto-la .... té réparé la.

e. .... luil !

2. ÉCOUTEZ ET TRANSCRIVEZ LES PHRASES ENREGISTRÉES, PUIS INDIQUEZ À QUELLE TRADUCTION FRANÇAISE ELLES CORRESPONDENT.

a. .... 1. Tu dis n'importe quoi.

b. .... 2. Quand allons-nous te revoir ?

c. .... 3. J'ai quelque chose à te dire.

d. .... 4. Il n'y a rien d'écrit sur l'agenda.

e. .... 5. Je suis allé au garage pendant votre absence.

VOCABULAIRE

latilyé *atelier*
pyès *pièce mécanique, pièce d'appartement*
dwé/douwé *devoir*
kèkchòz *quelque chose*, on peut aussi entendre **kèchòy**
tibwen *peu, petit brin*
dyèktèment *justement*
maké *écrire, noter, marquer*
wouvwè *revoir*
ankò *encore*
salisman *saleté, salissure*
bout *fin, finir, terminer*
biten *chose, machin, truc*
tout biten *tout*

POUR ALLER PLUS LOIN

ankò *encore* a, comme en français, le plus souvent le sens de *à nouveau, de plus*. **Ka i ka atann-mwen ankò ?** *Qu'est-ce qui m'attend de plus ?* Dans l'expression **ankò konsa !** il faut entendre, *acceptons ! à la limite !* Enfin, à la forme négative, *pas encore* se dit **pòkò** qui, avec la prononciation relâchée du /K/, s'entend **pò'ò ; An pò'ò paré.** *Je ne suis pas encore prêt(e).*

biten est un terme polysémique qu'on entend souvent dans une conversation : **Kibiten ?** *Quoi ?* **p'on biten**, *rien* ; **nenpòt biten**, *n'importe quoi* ; **Tout biten luil**, *Tout baigne.*

tibwen, titak, tikrazi autant de manière pour dire *un peu*.

14.
AU BUREAU

AN BIWO-LA

OBJECTIFS

- PARLER DE SA FONCTION ET DE SES COMPÉTENCES
- PARLER DE SES QUALITÉS ET DE SES DÉFAUTS
- SE RENSEIGNER SUR LES CONDITIONS DU TRAVAIL

NOTIONS

- LE PRONOM PERSONNEL INDÉFINI IL
- L'EXPRESSION DE LA TOURNURE CE QUE/CE QUI
- L'ARTICLE INDÉFINI GÉNÉRAL OU PLURIEL DE, DU, DE LA

UN ENTRETIEN D'EMBAUCHE

M Charles : Bonjour, je suis M Charles.

Mme Maurice : Ah oui, M Charles ! Bonjour, comment allez-vous ?

M Charles : Ça va !

Mme Maurice : Bien, alors vous, si je ne me trompe pas, c'est pour le poste de contremaître que vous êtes là ?

M Charles : C'est bien cela.

Mme Maurice : Parfait ! J'ai lu votre CV et vu que vous avez travaillé deux ans en tant que contremaître sur le chantier du nouvel hôpital. Quelle était votre fonction ?

M Charles : Je faisais travailler les gars en équipe. Je répartissais le travail, je veillais à ce qu'ils respectent toutes les consignes de sécurité et qu'ils exécutent correctement leur tâche.

Mme Maurice : Selon vous, quelle est la principale qualité nécessaire aux contremaîtres pour réussir dans une telle fonction ?

M Charles : Maîtrise de soi et contrôle.

Mme Maurice : Et quel est votre principal défaut ?

M Charles : Ils disent tous que je suis têtu. Je suis intransigeant ! Je ne tolère pas ceux qui plaisantent avec le travail.

Mme Maurice : Pourquoi n'êtes-vous pas resté dans l'entreprise où vous étiez ?

M Charles : Mon dernier fils a été malade et j'ai dû l'accompagner en France pour ses soins.

Mme Maurice : Lors de votre temps libre, quel est votre loisir favori ?

M Charles : La musique ! Je suis batteur dans un petit groupe qu'on a monté dans mon quartier.

Mme Maurice : Bien, je ne vois rien d'autre à vous demander. Avez-vous des questions ?

M Charles : Oui, quels sont les horaires du chantier ?

Mme Maurice : Le chantier fonctionne de cinq heures et demie à treize heures trente avec une pause casse-croûte à neuf heures et demie.

M Charles : Et le salaire ?

Mme Maurice : Mille cinq cent euros pour commencer durant les deux premiers mois puis, mille huit cent euros si nous décidons de poursuivre notre collaboration. D'autres questions ?

M Charles : Non, pour l'instant je n'en vois pas. Au cas où ça me reviendrait, je peux vous appeler ?

Mme Maurice : Sans soucis ! Et bien nous avons fini ! Nous vous appellerons pour vous faire part de notre décision avant la fin de cette semaine. Merci d'être venu !

M Charles : Non, c'est moi qui vous remercie de votre accueil. Je suis vraiment impatient de commencer avec vous !

16 ON KOZÉ POU VWÈ SI YO KA ANBOCHÉ-W

Misyé Chal : Bonjou, an sé misyé Chal.

Man Moris : A wi, misyé Chal ! Bonjou, kijan ou yé ?

Misyé Chal : Sa k'ay !

Man Moris : Bon, alòs, si an ka byen sonjé, vou, ou la sé pou pòs a jérè-la ?

Misyé Chal : Sé sa menm.

Man Moris : Byen ! An jété on zyé asi CV a-w é an vwè ou travay dé lanné jérè asi chantyé a nouvo lopital-la. Ki té wòl a-w ?

Misyé Chal : An té la pou fè sé boug-la travay ansanm. An té ka distribiyé travay-la, an té ka gadévwè si toutmoun-la té ka rèspèkté sé konsin sékirité-la é si yo té ka fè travay a-yo kon té fo fè-y.

Man Moris : Dapré-w, ki prensipal kalité jérè bizwen ni pou yo rivé réyisi adan on travay kon sila ?

Misyé Chal : An ké di san fwa é kontwòl.

Man Moris : É ki prensipal défo a-w ?

Misyé Chal : Toutmoun ka di an wòs. Sa i an tèt an-mwen pa an pyé an-mwen ! An pa ka sipòté moun ka bétizé épi travay-la.

Man Moris : Poukisa ou pa rété adan lantoupriz-la la ou té yé la ?

Misyé Chal : Dènyé gason an-mwen vin tonbé malad é té fo-mwen pati épi-y lòtbò pou swangné-y.

Man Moris : Lè ou pa ka travay ki dézannuyans pisimyé a-w ?

Misyé Chal : Mizik ! An ka jwé batri adan on ti group nou monté an kawtyé an-mwen.

Man Moris : Bon, an pa ka vwè ayen dòt pou mandé-w. Ès ou ni kèsyon pou mandé-mwen ?

Misyé Chal : Wi, a kilè chantyé-la ka démaré é a kilè i ka lagé ?

Man Moris : Chantyé-la ka woulé dè senkè-é -dimi bonmaten a inè-é -dimi laprémidi èvè on pòz didiko a névè-é-dimi.

Misyé Chal : É pou pèy-la ?

Man Moris : Mil sensan éro pou démaré pannan dé prèmyé mwa-la é mil uisan éwo si nou désidé kontinyé ansanm apréa. Dòt kèsyon ?

Misyé Chal : Awa, pou lè an pa ka vwè. Si anka an sonjé, an pé kriyé-w ?

Man Moris : San p'on pwoblèm ! Ében nou bout ! Nou ké kriyé-w pou ba-w pozisyon an-nou avan fen a simenn-la. Mèsi pou vini a-w.

Misyé Chal : Non, sé mwen ka di-w mèsi risivwè a-w. Poubon an présé démaré épi zòt.

COMPRENDRE LE DIALOGUE
EXPRESSIONS

→ **Kijan ou yé ?** *Comment allez-vous ?* (litt. *Comment tu es ?*).
→ **Sé sa menm.** *C'est bien cela !* (litt. *C'est ça même !*). Cette expression classique exprime la totale adhésion à ce qui a été énoncé.
→ **Gadévwè**, *veiller à* (litt. *Regarder voir*) demande de la part de celui à qui l'on s'adresse d'apporter un regard particulièrement attentif à quelque chose.
→ **Dapré-w**, *selon vous* (litt. *d'après vous*).
→ **Bizwen ni**, *nécessaire* (litt. *besoin avoir*). Cette expression peut signifier à la fois *utile* et *indispensable*.
→ **Rivé réyisi**, *réussir* (litt. *Arriver réussir*). Cette expression sous-entendant de facto que la réussite n'est pas chose aisée.
→ **Sa i an tèt an-mwen pa an pyé an-mwen.** *Je suis intransigeant.* (litt. *ce qui est dans ma t*ête *n'est pas dans mes pieds*) signifie bien que c'est quelqu'un qui ne dévie pas de ce qu'il a décidé.
→ **Sipòté**, *tolérer* (litt. *supporter*) dans sa version négative **pa ka sipòté** *ne pas tolérer*. Ce verbe peut également signifier *soutenir, encourager quelqu'un ou une équipe*.
→ **Lagé** (litt. *libérer, lâcher*) est utilisé ici pour parler des heures de fermeture du chantier, ce qui aurait tendance à confirmer la perception du travail comme étant une contrainte dont on a besoin d'être libéré. Inversement, **pa lagé** est une invitation à poursuivre la lutte.
→ **Sonjé** (litt. *Songer*) a souvent le sens, comme ici, de *penser, se souvenir*.
→ **Bout**, *finir, terminer* (litt. *bout*) signifie bien qu'on est arrivé au terme de la discussion : au bout du bout.
→ **Poubon**, *vraiment* (litt. *pour bon*). On peut aussi entendre **Pouvré**.

NOTE CULTURELLE

En Guadeloupe, le recrutement sur les chantiers se fait le plus souvent par le biais des sociétés d'intérim ou de recrutement spécialisées dans le BTP qui sont structurées pour mener ce genre d'entretien. La majorité des entreprises du secteur étant des PME, elles privilégient les contrats à durée de chantier. Là, il s'agit du recrutement d'un cadre. C'est pourquoi nous assistons à des échanges portant sur les conditions de travail et de salaire. Même dans ce cas, nous constatons qu'il s'informe, mais ne négocie rien. Le taux de chômage étant élevé, les postulants ne s'autorisent guère à négocier les conditions.

◆ GRAMMAIRE
LE PRONOM PERSONNEL INDÉFINI IL

Té fo, *il fallait*.
Si yo té ka fè travay-la kon té fo fè-y. *S'ils faisaient le travail comme il fallait le faire.*
Une fois de plus, nous voyons que *il,* pronom personnel indéfini n'est pas exprimé.
Ka rivé on lè fo ou sav ola ou vlé rivé. *Il arrive un moment où il faut que tu saches ou tu veux en venir.*

L'EXPRESSION DE LA TOURNURE CE QUE/QUI, TRADUITE PAR SA I

Sa i an tèt an-mwen, pa an pyé an-mwen. *Ce que j'ai dans la tête n'est pas dans mes pieds.*
Ainsi, l'exclamation courante : **Sa i fèt bèl!** *Advienne que pourra!* (litt. *Ce qui est fait est beau*).

L'ARTICLE INDÉFINI GÉNÉRAL OU PLURIEL DE, DU, DE LA

Dans l'expression **Ki kalité jérè bizwen.** *De quelles qualités les/des chefs de chantier ont besoin?* Nous constatons qu'il n'y a aucun marqueur devant **jérè**. Il s'agit des chefs de chantier en général. Cette absence de marqueur se retrouve dans les phrases suivantes :
An ka jwé batri. *Je joue de la batterie.*
De même : **An ké di sanfwa é kontwòl.** *Je dirai du sang froid et de la maîtrise de soi.*

● EXERCICES

1. COMPLÉTEZ LES PHRASES SUIVANTES AVEC :
dapré-w, té fo, Ø, poubon, gadévwè.

a. .... ou ka di sa rivé ?

b. Konmen moun ou bizwen ni .... pou fè travay-la ?

c. Lè ou ké fin an té ké enmé ou .... sa ban-mwen.

d. An pa konnèt jwé .... Gita.

e. .... nou lévé bonnè pou ay travay.

2. TRADUISEZ EN CRÉOLE LES PHRASES SUIVANTES.

a. Le chantier fonctionne de 5 h à 15 h.
....

b. Y-a-t-il une pause casse-croûte ?
....

c. Les deux premiers mois, votre salaire sera de 1 200 euros.
....

d. Quelle était votre fonction dans votre dernier emploi ?
....

e. À quelle heure on arrête (le travail) ?
....

VOCABULAIRE

jérè *contremaître*
wòl *fonction, rôle*
sila *celui-ci, celle-ci*
san fwa *self-control, tête froide*
wòs rosse *têtu, entêté*
bétizé *plaisanter, faire des bêtises*
swangné *soigner, porter soins*
dézannuyans *loisirs, passe-temps*
pisimyé *préférer, favori*
kèsyon *question*
woulé *travailler, rouler*
didiko *casse-croûte, encas*
anka *au cas où, si jamais*
vini/vin *venir, venue*
présé *urgent, pressant, avoir hâte*

15.
UN RÉVEIL DIFFICILE
ON WOUVÈ ZYÉ DIFISIL

OBJECTIFS

- SAVOIR PARLER DES GESTES DU QUOTIDIEN (LES PRÉPARATIFS MATINAUX)
- DEMANDER ET DONNER L'HEURE

NOTIONS

- L'ADJECTIF POSSESSIF + LA
- LES PRONOMS POSSESSIFS AU SINGULIER ET AU PLURIEL
- LES ADJECTIFS DÉMONSTRATIFS AU SINGULIER ET AU PLURIEL
- QUELQUES TOURNURES COURANTES DU VERBE ALÉ/AY
- LA PLACE DE L'ADJECTIF QUALIFICATIF
- L'IMPÉRATIF (SUITE)

PANNE D'OREILLER

La dame : Pierre ! Pierre ! Pierre !

Pierre : Hein ?

La dame : Debout ! Tu ne travailles pas aujourd'hui ou quoi ?

Pierre : Quoi ? Quelle heure est-il ?

La dame : Il est déjà six heures et demie ! À quelle heure tu commences ?

Pierre : À sept heures et demie ! Le réveil n'a pas sonné ? Je ne l'ai pas entendu !

La dame : Tu vois, quand je te dis que tu te couches trop tard le soir, tu ne me crois pas !

Pierre : Je te dis que le réveil n'a pas sonné, c'est tout !

La dame : Dépêche-toi, va te laver le visage, te brosser les dents et te doucher pendant que je te sers ton petit-déjeuner.

Pierre : Non, je n'aurai pas le temps de m'asseoir pour petit-déjeuner ce matin. Prépare-moi un sandwich à emporter.

La dame : Un sandwich jambon-fromage, ça ira ?

Pierre : Impeccable ! Et pendant que je suis sous la douche, repasse-moi la chemise bleue que j'aime bien.

La dame : La chemise bleue qui est sur le cintre dans ta chambre ?

Pierre : C'est bien celle-là !

La dame : Fais vite ! Tiens, bois tout de même ton café !

Pierre : Holà ! Il est déjà six heures cinquante ! J'espère que je ne rencontrerai pas trop de bouchons sur la route !

La dame : Mais comment tu es fagoté, tu as mal boutonné ta chemise !

Pierre : C'est rien, j'arrangerai cela chemin faisant. Il est temps que j'y aille. J'ai encore une chance d'être à l'heure !

La dame : Mais tu n'es pas coiffé !

Pierre : Je me coifferai dans la voiture !

La dame : Tiens, n'oublie pas ton sandwich et file, dépêche-toi ! À quelle rentres-tu ?

Pierre : Je ne sais pas encore ! Je quitte à quatre heures et demie, mais je dois passer chez Jérôme avant de rentrer.

PANN ZÒYÉ

Madanm-la : Pyè! Pyè! Pyè!

Pyè : Hen ?

Madanm-la : Lévé! Ou pa kay travay jòdi-la ouben kisa ?

Pyè : Koman sa ? Kilè i yé ?

Madanm-la : I ja size-é-dimi ! A kilè ou ka pran ?

Pyè : A sétè-é-dimi ! Révèy-la pa sonné ? An pa tann-li !

Madanm-la : Ou vwè, lè an ka di-w ou kay kouché two ta lèswa, ou pa ka kwè mwen !

Pyè : An ka di-w révèy-la pa sonné, pa plis kisa !

Madanm-la : Pòté mannèv, ay lavé figi a-w, kiré dan a-w é douché-w pannan an ka mèt didiko a-w si tab-la pou-w.

Pyè : Awa, an pé ké ni tan sizé pou pran didiko bonmaten-la. Fè on sandouch ban-mwen pou an menné alé.

Madanm-la : On sandouch janbon fomaj, sa ké ay ?

Pyè : Opwal ! É pannan mwen anba douch-la, pasé on koul kawo ban-mwen anlè chimiz blé-la an byen enmé-la.

Madanm-la : Chimiz blé-la i pann si sent-la an chanm a-w ?

Pyè : Sila menm !

Madanm-la : Dépéché-w ! Mi, bwè kafé a-w kanmenm !

Pyè : Woy ! I ja sétè mwen dis ! An ka èspéré an pé ké pran twòp anboutéyaj si wout-la !

Madanm-la : Mé kijan ou abiyé la menm, ou mal boutonné chimiz a-w !

Pyè : Sa pa grav, an ké ranjé sa an chimen. I ja lè pou mwen alé. An ni on chans ankò rivé a lè !

Madanm-la : Mé ou pa pengné !

Pyè : An ké pengné an vwati-la !

Madanm-la : Mi, pa obliyé sandouch a-w é alé-w, pòté mannèv ! A kilè ou ka viré ?

Pyè : An pòkò sav ! An ka lagé a katrè-é-dimi mé fo an pasé owa Jéwòm avan an rantré.

COMPRENDRE LE DIALOGUE
EXPRESSIONS

→ **A ki lè ou ka pwan?** *À quelle heure commences-tu à travailler?* On parle littéralement de «prendre (le travail)», ce qui revient à commencer à travailler!

→ **Sétè é dimi**, *sept heures et demie.* **Sétè mwen dis**, *sept heures moins dix.* Nous l'avons vu, l'expression de l'heure à quelques adaptations phonologiques et graphiques près est la même en créole qu'en français.

→ **Léswa**, *le soir* (litt. *l'heure soir)*; **lèbonmaten**, *le matin*; **lèmidi**, *l'heure midi*, **lézaprémidi**, *les après-midi.* Dans toutes ces parties de la journée, l'article défini français est agglutiné au nom qui se retrouve, de fait, sans déterminant.

→ **Pòté mannèv!** *Dépêche-toi!* (litt. *porte manœuvre*). Nous avons déjà rencontré cette injonction très courante en créole : **Pòté bon mannèv!** On pourrait le traduire par : *Allez, plus vite!*

→ **Tèt a-w pa pengné!** *Tu n'es pas coiffé!* (litt. *Ta tête pas peignée*). Cette façon de désigner la partie du corps concernée est courante en créole. **Ay lavé figi a-w.** *Va te débarbouiller.* (litt. *Va laver ton visage*).

→ **A ki lè ou kay déviré?** *À quelle heure tu vas revenir?* Il est rare en créole de poser la question de manière à avoir une réponse précise, le plus souvent, l'approximation de l'heure est plutôt posée sous la forme : **p'asi koté ki lè?** *Vers quelle heure?*

→ **Alé-w!** *Vas-y!* On peut aussi avoir la tournure assez surprenante : **Alé alé a-w!** *Bouge-toi! Fais ce que tu as à faire! (Va ton aller).*

NOTE CULTURELLE

Bien que la nature du lien qui unit nos deux protagonistes n'ait pas été explicitée, on devine de suite qu'il s'agit d'une mère et de son fils par la teneur des propos échangés. Il n'est pas rare, en effet, que des adultes (hommes ou femmes) continuent à vivre chez leur mère, même au-delà de la trentaine, et continuent, de ce fait, à être infantilisés. D'ailleurs, comme le dit la célèbre chanson de Franky Vincent : **Aka manman pa ni plibèl koté!** *Il n'y a pas meilleur endroit que chez maman!*

PHONOLOGIE

Après les consonnes [f] ou [p], la consonne [r] est souvent prononcée de façon relâchée et comme la semi-consonne [w], seulement quand ces consonnes sont suivies de voyelles orales ouvertes [a], [o] ou nasales [an] : **Fwomaj**, **Fwansé**, **pwan**, **konpwann**. En revanche, nous aurons **fréchè**, *fraîcheur* ; **présé**, *presser* ou la consonne [R] est prononcée comme en français.

◆ GRAMMAIRE
L'ADJECTIF POSSESSIF + LA

Les adjectifs possessifs **an-mwen**, **a-w**, **a-y** etc peuvent être surdéterminés par l'article défini du nom **la**.

Ainsi, nous aurons : **chimiz blé la**, *la chemise bleue* ; **chimiz blé an-mwen**, *ma chemise bleue* ; **chimiz blé an-mwen la**, *la chemise bleue qui est mienne*.

Cette surdétermination peut encore se poursuivre avec l'adjectif démonstratif, si bien que le nom peut s'accompagner d'un possessif et d'un démonstratif à la fois : **Chimiz blé an-mwen lasa**. *Cette chemise bleue (qui est mienne)*. **Sé timoun an-nou lasa toujou ka jwé an lari-la**. *Ces enfants (qui sont les nôtres) sont toujours dans la rue à jouer*.

LES PRONOMS POSSESSIFS AU SINGULIER ET AU PLURIEL

Se construisent en partant de l'adjectif possessif selon le modèle suivant : **chimiz an-mwen sé tan-mwen**, *cette chemise est la mienne (*litt. *chemise à moi est à moi)*.
Ainsi nous avons :

tan-mwen la	*le mien, la mienne*	**tan-nou la**	*le nôtre, la nôtre*
ta-w la	*le tien, la tienne*	**ta-zòt la**	*le vôtre, la vôtre*
ta-y la	*le sien, la sienne*	**ta-yo la**	*le leur, la leur*

Le pluriel des pronoms possessifs se fait comme pour l'article défini **garaj-la**, *le garage* ; **sé garaj-la**, *les garages*, ou comme les adjectifs démonstratifs **kaz-lasa**, *cette maison* ; **sé kaz-lasa**, *ces maisons* ; en plaçant **sé** devant le pronom singulier : **Sé tan-mwen la**, *les miens, les miennes*.

LES ADJECTIFS DÉMONSTRATIFS, SINGULIER ET PLURIEL

Singulier				Pluriel	
sila	*celui, celle,* *celui-ci, celle-ci*	**tala**	*celui, celle,* *celui-là, celle-là*	**séla**	*ceux, celles, ceux-ci,* *ceux-là, celles-là*

Sé tan-mwen la devient le plus souvent par assimilation avec **séla** :

sélan-mwen la	ceux, celles qui m'appartiennent	sélan-nou la	les nôtres
séla-w la	les tiens, les tiennes	séla-zòt la	les vôtres
séla-y la	les siens, les siennes	séla-yo la	les leurs

QUELQUES TOURNURES COURANTES DU VERBE ALÉ/AY ALLER

Nous avons rencontré plusieurs fois le verbe *aller* en créole qui se dit **Ay** pour certains, **Alé** pour d'autres. **Alé** s'utilise surtout pour insister :
Ay lavé figi a-w! *Va te laver la figure!* **Alé-w!** *Vas-y!* **Sa k'ay.** *Ça va.* **Sa ké ay.** *Ça ira.*

LA PLACE DE L'ADJECTIF QUALIFICATIF

Elle dépend de sa fonction par rapport au sujet :
- attribut du sujet : il se place après l'article défini **la** : **Chimiz-la blé.** *La chemise est bleue.*
- épithète, il se place avant **la** : **Chimiz blé-la.** *La chemise bleue.*

▲ CONJUGAISON
L'IMPÉRATIF (SUITE)

Pour toute injonction, pour donner un ordre, on utilise l'impératif qui, à la deuxième personne se construit avec la forme verbale seule : **Ay lavé figi a-w! Brosé dan a-w! Pengné tèt a-w!**

Cependant, quand l'ordre s'adresse à l'individu dans sa globalité, c'est le pronom personnel complément qui suit le verbe pour insister : **Vini!** *Viens!* **Vini-w!** *Viens ici!* **Alé!** *Va!* **Alé-w!** *Vas-y!* **Palé!** *Parle!* **Palé-w!** *Vas-y parle!*

La forme négative de l'impératif se fait avec **pa** avant le verbe : **Pa vini kotésit!** *Ne viens pas ici!* **Pa palé!** *Ne parle pas!*

● VOCABULAIRE

lè *l'heure,*
  Ki lè i yé? *Quelle heure est-il?*
lè *quand,*
  Lè an ka di-w… *Quand je te dis…*
figi *visage, figure*
konsa *comme cela*
kawo *fer à repasser*
sila *celui, celle; celui-ci, celle-ci*
tala *celui, celle; celui-là, celle-là*
kanmenm *malgré tout*
pengné *peigner, coiffer*
ta *tard*
obliyé *oublier*

POUR ALLER PLUS LOIN
Si *tard* se dit **ta** en créole,
  tôt au contraire se dit **bonnè**,
  très tôt; **granbonnè**,
  granbonnè-maten c'est
  donc *très tôt le matin* autant dire
  à *l'aube* ou *aux aurores*, ce qui
  se dit également **douvanjou** *(litt. devant jour).*

⬢ EXERCICES

1. COMPLÉTEZ LES PHRASES SUIVANTES AVEC :
ay, séla-zòt la, an-mwen la, tan-nou, a-y, a-wla.

a. Pyè .... travay san pwan didiko .... !

b. Sé loto a-zòt la bèl mé .... pa bèl kon sélan-nou la.

c. Gason .... pa tann téléfòn a-y bonmaten-la.

d. An kay ba chimiz blan .... on koul kawo.

e. Loto-lasa pa .... sé ta-zòt.

🔊 2. ÉCOUTEZ ET TRANSCRIVEZ LES PHRASES ENREGISTRÉES, PUIS INDIQUEZ
17 À QUELLE TRADUCTION FRANÇAISE ELLES CORRESPONDENT.

a. ....   1. Tu t'es levé tôt ce matin.

b. ....   2. N'oublie pas de prendre ton casse-croûte.

c. ....   3. Va me prendre ma chemise, celle qui est bleue.

d. ....

e. ....   4. Quand je te dis qu'il faut que tu te lèves plus tôt !

5. Il est tard, tu travailles demain, va te coucher !

16.
ORGANISER UNE SOIRÉE

MÈT ON SWARÉ SI PYÉ

OBJECTIFS	NOTIONS

- PARLER DES PRÉPARATIFS
- ÉTABLIR UN MENU
- LANCER DES INVITATIONS

- LA CONTRACTION TÉ'É
- LA PRÉPOSITION A
- LE PRONOM DÉMONSTRATIF PLURIEL LÉSÈZ
- LES CONJONCTIONS DE COORDINATION : AVÈ, ÈVÈ, ÉPI, É
- LE PASSÉ RÉCENT AVEC SÒTI

ET SI ON FAISAIT UNE FÊTE ?

Julien : Félicitations Agathe pour ton examen ! On m'a dit que tu l'as eu les doigts dans le nez.

Agathe : Merci Julien, mais j'ai trimé pour y arriver. Maintenant j'ai besoin de décompresser un peu !

Julien : Et si on faisait une fête pour célébrer cela, qu'en dis-tu ?

Agathe : Une fête ? Quel type de fête ! Un repas ou une soirée dansante ?

Julien : Je dis que l'on pourrait organiser un déjeuner champêtre comme cela, il n'y a pas à choisir !

Agathe : Quelle idée géniale ! Dans ce cas, voyons qui j'invite !

Julien : Tout d'abord, ceux et celles qui t'ont soutenue et encouragée !

Agathe : Ouais, ainsi, je pourrai tous les remercier à la fois.

Julien : À combien sommes-nous déjà ?

Agathe : Selon ma liste, nous sommes déjà une vingtaine…

Julien : … super ! Il n'en faut pas plus.

Agathe : Maintenant il faut que je réfléchisse quoi faire à manger.

Julien : On a besoin de peu ! Quelques amuse-bouche pour faire patienter les gens en dégustant leur petit punch…

Agathe : … en hors-d'œuvre, je verrais bien une assiette antillaise avec des acras de morue, du boudin noir et quelques feuilles de laitue…

Julien : … du boudin noir ou d'autre chose ! Il faut penser à ceux qui ne mangent pas de viande…

Agathe : … tu as raison. Ensuite, un riz aux légumes avec du poisson ou du poulet grillé avec une sauce chien et un sorbet aux fruits du pays pour terminer.

Julien : Excellent ! Je vais confier cela à une de mes amies qui va se charger de préparer le repas.

Agathe : Et en ce qui concerne la musique ?

Julien : Ne t'en fais pas, Jérôme c'est son truc ça, faire la fête. Il a toutes les dernières nouveautés !

Agathe : Bien, nous n'avons rien oublié ni personne ? Maintenant, faut aller acheter le nécessaire et faire passer l'info. Samedi en huit, c'est chez Agathe que cela se passe dès midi jusqu'au coucher du soleil !

Julien : On y va, je te conduis au supermarché faire les courses !

É SI NOU TÉ KA FÈ ON TAN ?

Jilyen : Woulo bravo Agat pou lègzamen a-w-la ! Ou pran sa nawflaw yo di-mwen !

Agat : Mèsi Jilyen, mé an travay rèd pou té rivé la. Alè an bizwen lagé gidon tibwen !

Jilyen : É si nou té ka fè on tan pou fété sa, ka ou ka di ?

Agat : On tan ? Kijan tan ou ka di ? On bwè é manjé oben on soukwé-kò ?

Jilyen : An ka di nou té'é pé mèt on midi-minui si pyé konsa pa ni a chwazi !

Agat : Mi bon lidé mi ! Alò, ban'an vwè kimoun an ka envité !

Jilyen : Dabò pou yonn, lésèz i sipòté-w é ba-w fòs-la !

Agat : Wè, konsa an ké pé di-yotout mèsi an menm tan.

Jilyen : Akonmen moun nou ja yé la ?

Agat : Dapré lis an-mwen, nou ja a ven…

Jilyen : … i bèl ! Fo pa plis moun.

Agat : Alè fo-mwen kalkilé ka an kay fè pou manjé.

Jilyen : A pa gran zafè i fo ! Détwa salibouch pou fè sé moun-la atann atoupannan yo ka siwoté tiponch a-yo…

Agat : … annantré an ka byen vwè on zasyèt kréyòl èvè marinad a mori, bouden nwè é dé fèy salad…

Jilyen : … bouden nwè é bouden a dòt biten ! Fo sonjé lésèz pa ka manjé vyann…

Agat :… sé vré a-w. Apréssa, on diri madras épi pwason oben poul woti avè on ti sòs chyen é on sowbé fwi péyi pou bout.

Jilyen : Opwal ! An kay mèt sa an men on bon moun an-mwen i kay pran chaj a fè manjé-la.

Agat : É pou mizik-la ?

Jilyen : Pa okipé-w, Jéwòm sé biten a-y sa, bay bal. I ni tout sé dènyé son-la i sòti sòti la !

Agat : Bon, nou pa obliyé ayen ni pon moun ? Alè, sé ay achté sa i fo é fè-y pasé ! Sanmdi an uit sé aka Agat biten-la ka bay dèpi midi jiktan solèy kouché.

Jilyen : Annou, An ka menné-w an gran magazen-la fè sé konmisyon-la !

COMPRENDRE LE DIALOGUE
EXPRESSIONS

- **Woulo bravo!** *Félicitations!*
- **Lagé gidon**, *décompresser, lâcher ses cheveux (litt. lâcher guidon).*
- **Fè on tan**, *faire une fête (litt. faire un temps).* Il existe différentes façons de dire une fête ou une boum. On signalera plus particulièrement **zouk** et **blo** les plus répandus.
- **Mèt si pyé**, *organiser (mettre sur pied).*
- **Ban'an vwè**, *voyons, fais voir (donne-moi voir)* dans ce contexte où il a été traduit par *voyons* aurait pu se dire **annou vwè**.
- **Dabò pou yonn**, *tout d'abord, premièrement (d'abord pour un).*
- **Ba-w fòs-la**, *t'encourager (te donner la force).* **Ba-y fòs-la!** *Encouragez-le! (Donnez-lui la force!)* est une expression très fréquente et invite le public ou l'auditoire à encourager et à applaudir la personne désignée.
- **Mèt sa an men a**, *confier cela à (mettre ça dans les mains de).*
- **On bon moun an-mwen**, *un(e) ami(e), une connaissance (une bonne personne à moi).*
- **Pran chaj a**, *se charger de (prendre charge de).*
- **Pa okipé-w.** *Ne t'inquiète pas (ne t'occupe pas).*
- **Sé biten a-y.** *C'est son truc.*
- **Bay bal**, *faire la fête, la noce, la nouba (donner bal)* d'où l'expression **Chat pa la rat ka bay bal**, *Le chat n'est pas là les souris dansent.*
- **Fè-y pasé**, *faites circuler (faites-le passer)* sous-entendu l'info traduite ici par **-y**.

NOTE CULTURELLE

Tout jou sé fèt, tout jou pa fétab! *Tous les jours c'est fête, mais (hélas) on ne peut fêter tous les jours.* Les Antillais aiment faire la fête et qui dit fête, dit repas bien arrosé au ti punch, whisky et champagne, mais également musique, danse pour **soukwé-kò**, *secouer le corps* et plus si affinité… d'où l'expression **bay bal**, *donner le bal*. Le repas à peine fini, tables et chaises sont mises sur le côté pour transformer la salle à manger en piste de danse. Les couples s'enlacent pour danser : konpa, zouk, biguine, soca, merengue, salsa, tout y passe… jusqu'au petit matin, on rit on danse, on s'amuse pour oublier le quotidien. Seul le Carême, qui suit les jours gras, voit une trêve des activités festives qui rythment l'année civile. Rien d'étonnant alors que les Antillais soient réputés être de très grands consommateurs de Champagne! Dans chaque réfrigérateur, une bouteille attend une occasion!

◆ GRAMMAIRE
LA CONTRACTION TÉ'É

Se prononce avec un **é** long. Il s'agit de la contraction de **té ké**. Il ne doit pas être confondu avec **té**, court : **Nou té'é pé = nou té ké pé**, *nous pourrions,* alors que **nou té pé**, *nous pouvions.* Nous avons rencontré ce type de contraction avec **pa'a** pour **pa ka. I pa'a vini = i pa ka vini,** *il/elle ne vient pas* ; alors que **i pa vini** *il/elle n'est pas venu(e).*

LA PRÉPOSITION A

Dans les expressions **bouden a dòt biten**, *du boudin d'autre chose* ; **chaj a fè manjé la,** *la responsabilité du repas* ; **an men a on bonmoun an-mwen**, *entre les mains d'une amie,* la préposition **a** introduit un complément de nom.

LE PRONOM DÉMONSTRATIF PLURIEL LÉSÈZ

Le pronom démonstratif pluriel **lésèz** est une variante de **séla**, *ceux, celles.* **Lésèz i pa ka manjé vyann**, *Ceux qui ne mangent pas de viande.* se dit plus couramment **Séla i pa ka manjé vyann**.

LES CONJONCTIONS DE COORDINATION AVÈ, ÈVÈ, ÉPI, É

Les conjonctions de coordination **avè**, **èvè**, **épi**, **é**, *avec, et* sont utilisées indifféremment selon le locuteur. Certains diront **vini èvè-mwen**, *viens avec moi* ; d'autres **vini épi-mwen** ou **vin é mwen**.

LE PASSÉ RÉCENT AVEC SÒTI

Jéwòm ni tout sé dènyé son-la i sòti[1] sòti [2] la. *Jérôme a toutes les dernières nouveautés.* (litt. *tous les sons qui viennent de sortir*)
sòti[1] est un marqueur qui indique que l'action se situe dans un passé proche, tandis que **sòti**[2] est le verbe *sortir* : **Sé moun envité-la sòti rivé.** *Les invités viennent d'arriver.*

● EXERCICES

1. COMPLÉTEZ LES PHRASES SUIVANTES AVEC :
té'é, a, sòti, épi, lésèz, atoupannan.

a. I ka manjé détwa salibouch .... i ka atann yo sèvi-y.

b. Jéwòm ni tout sé dènyé son-la i .... la.

c. An té vlé sav ès ou ka vin .... mwen fè sé konmisyon-la ?

d. Fo ou sonjé .... i ba-w fòs-la.

e. Nou .... pé fè on zouk pou fété sa.

2. TRADUISEZ EN CRÉOLE LES PHRASES SUIVANTES.

a. Je vais confier la confection du repas à une de mes connaissances.
....

b. Combien de personnes avons-nous déjà ?
....

c. Peux-tu m'amener faire les courses ?
....

d. Jean à toutes les dernières nouveautés musicales.
....

e. Et si on faisait une assiette créole avec du boudin et des accras en entrée ?
....

VOCABULAIRE

lègzamen *examen*
nawflaw *sans difficulté*
gidon *guidon, volant*
bwè é manjé *réception, banquet*
soukwé-kò *bal populaire, défoulement* (litt. *secouer corps*)
lis *liste*
ven *vingt*
salibouch *amuse-gueule*
annantré *hors-d'œuvre, entrée*
marinad *accra, marinade*
mori *morue*
bouden *boudin*
fèy salad *laitue, salade* (litt. *feuille de salade*)
diri *riz*
poul *poule, poulet*
sòwbé *sorbet, glace*
fwi péyi *fruit local* (litt. *fruit pays*)
mizik *musique*
dènyé son *nouveauté musical* (litt. *dernier son*)
gran magazen *grande surface* (litt. *grand magasin*)
konmisyon *courses, achats* (litt. *commissions*)
pran *prendre*
rivé *arriver*
fété *fêter*
chwazi *choisir*
envité *inviter*
sipòté *soutenir*
kalkilé *réfléchir*

siwoté *déguster*
achté *acheter*
manjé *manger*
fè manjé *cuisiner*
woti *rôtir, griller*
obliyé *oublier*
sonjé *penser, se souvenir*
rèd *dur, difficile*
lésèz *ceux/celles*
opwal *super, excellent, parfait* (litt. *au poil*)
yotout *tous*
tan *temps*
ja *déjà*
détwa *quelque*
aprésa *ensuite, puis* (litt. *après ça*)
atoupannan *pendant que*

III
EN
VILLE

17.
À LA GARE ROUTIÈRE

A LÈSTASYON

OBJECTIFS	**NOTIONS**
• SE FAMILIARISER AVEC LES TERMES DU TRANSPORT INTERURBAIN • S'INFORMER SUR LE STATUT DU VOYAGEUR • S'INFORMER SUR LES HORAIRES DE DÉPART ET LES CONDITIONS DE VOYAGE	• L'AGGLUTINATION • LA PLACE DE JA • LE PASSÉ PROCHE ET LE FUTUR IMMÉDIAT

POUR ALLER À BASSE-TERRE

Le voyageur : Bonjour !

La vendeuse : Bonjour !

Le voyageur : À quelle heure part le premier bus pour Basse-Terre ?

La vendeuse : À six heures du matin !

Le voyageur : Vous vous payez ma tête ?

La vendeuse : Comment !? Vous m'avez demandé à quelle heure part le premier, je vous ai répondu non ?

Le voyageur : Oui, mais non ! Je voulais savoir à quelle heure il part en fonction de maintenant !

La vendeuse : Eh bien voilà ! Maintenant que vous vous exprimez clairement, je vais pouvoir répondre avec précision à votre attente ! Par conséquent, quelle heure est-il là… dix heures vingt-sept… le premier pour Basse-Terre part dans treize minutes, voie 2.

Le voyageur : Il est direct celui-ci ?

La vendeuse : Non, à cette heure-ci, il n'y a plus de direct. Celui-ci s'arrête dans toutes les communes qu'il traverse. Il n'y a que deux directs par jour ; un très tôt le matin vers six heures et un autre le soir.

Le voyageur : Pff je suis vraiment embêté ! Je dois aller à Basse-Terre pour refaire mes papiers, mais le temps d'y arriver, la Préfecture sera déjà fermée !

La vendeuse : Écoutez ! À votre place, j'aurais pris le direct demain à six heures. Quand vous arrivez à la gare routière de Basse-Terre, vous prenez une des petites voitures qui desservent les différents secteurs. Vous prenez celle qui va à Petit-Paris et vous descendez pile devant la Préfecture.

Le voyageur : Je crois que je vais faire comme vous dites. Je voyagerai demain de préférence. Combien coûte le billet ?

La vendeuse : Vous êtes combien à voyager ?

Le voyageur : Il n'y a que moi !

La vendeuse : Aller et retour ?

Le voyageur : Je ne vous suis pas… si j'y vais, il faut bien que je revienne !

La vendeuse : Désolée, mais c'est le boulot qui veut cela ! Je suis tenue de vous demander cela. Vous n'êtes pas demandeur d'emploi… vous n'avez pas de carte vermeil… pas d'abonnement… pas de carte étudiant ?... Cela fait douze euros !

Le voyageur : Merci ! J'espère qu'il part à l'heure ?

La vendeuse : Faites comme vous voulez, mais je vous conseille d'arriver tôt si vous voulez une bonne place et ne pas le rater. N'oubliez pas que c'est le seul qu'il y a le matin.

Le voyageur : N'ayez crainte ! À cinq heures quarante-cinq, je serai là !

POU MONTÉ BASTÈ

Vwayajè-la : Bonjou !

Vandèz-la : Bonjou !

Vwayajè-la : A kilè prèmyé transpò-la pou Bastè ka pati ?

Vandèz-la : A sizèdmaten !

Vwayajè-la : Sé on jé ou ka fè èvè mwen ?

Vandèz-la : Kijan !? Ou mandé a kilè prèmyé-la ka pati an réponn-vou non ?

Vwayajè-la : Wi, mé awa ! An té vlé sav a kilè i ka pati parapòtv a konyéla !

Vandèz-la : A prézan ! Konyéla ou ka palé kon I fo, an kay pé réponn vou byen kon ou ka atann ! Alòsdonk, kilè i yé la… dizèvennsèt… prèmyé-la pou Bastè ka pati adan trèz minit, vwa liméwo dé.

Vwayajè-la : I dirèk sila ?

Vandèz-la : Awa ! A lè-lasa pa ni dirèk ankò. Sila ka arèsté adan tout komin i ka travèsé. Ni yenki dé dirèk pa jou ; yonn granbonnè maten owa sizè é ondòt léswè.

Vwayajè-la : Woy an mélé toubòlman ! Fo-mwen monté Bastè woufè papyé an-mwen mé tan pou an rivé, Lapréfèkti ké ja fèmé !

Vandèz-la : Ban'an di-w sa ! Mwen i vou, an té ké pran dirèk-la dèmen a sizè. Lèwvwè ou rivé lèstasyon Bastè, ou ka pran yonn adan sé ti vwati-la ka mené-w adan sé sèksyon-la. Ou ka pran sila i kay Pèti Pari la é ou ka désann dwèt douvan Lapréfèkti.

Vwayajè-la : An ka kwè an ké fè kon ou ka di la. An ké vwayajé dèmen plito. Konmen pasaj-la ?

Vandèz-la : A konmen-moun ou ka vwayajé ?

Vwayajè-la : Sé mwen yonn tousèl !

Vandèz-la : Alé é viré ?

Vwayajè-la : An pa ka konprann-vou… si an monté fo byen an viré désann !

Vandèz-la : Eskizé-mwen mé sé travay-la i vé sa ! Mwen oblijé mandé-w sa. Ou pa chomè, ou pa twazyèm laj, ou pa ni abònman, ou pa étidyan ?… Sa ka fè-w douz éwo !

Vwayajè-la : Mèsi ! I ka pati a lè an ka èspéré ?

Vandèz-la : An pa konnèt zafè a-w mé ou ni entéré rivé bonnè si ou vé byen sizé é pou ou pa rété atè. Sonjé sé sèl-la i ni lématen.

Vwayajè-la : Pa pè ! Lè ou ké tann sizèmwennka sonné an ké ja la !

COMPRENDRE LE DIALOGUE
EXPRESSIONS

→ **Monté Bastè**, *Aller à Basse-Terre (*litt. *Monter Basse-Terre).* Les habitants de la Grande-Terre disent **monté Bastè** quand, dans le même temps, ceux de la Basse-Terre disent **monté Lapwent**.
→ **On jé ou ka fè.** *Vous plaisantez (*litt. *Un jeu tu fais).*
→ **An mélé.** *Je suis embêté (*litt. *Je suis mêlé).* **An mélé kon sann é farin.** *Je suis dans la mouise (*litt. *Mêler comme de la cendre et de la farine).*
→ **Ban'an di-w sa!** *Écoute! (*litt. *Donne-moi te dire ça)* : cette expression est très fréquemment utilisée dans le langage parlé.
→ **Yonn adan**, *un parmi, l'un de (*litt. *un dans).*
→ **Pa pè!** *N'aie crainte! (*litt. *pas peur).*
→ **An pa konnèt zafè a-w.** *Faites comme vous voulez, c'est vous qui voyez* (litt. *Je ne connais pas vos affaires).*
→ **Mwen i vou**, *à votre place (*litt. *Moi qui toi).*

NOTE CULTURELLE

Les moyens de transport en Guadeloupe sont les bus pour la route et le bateau pour la voie maritime. Les bus interurbains relient les communes de la Grande-Terre ou de la Basse-Terre au centre économique qu'est Pointe-à-Pitre où se trouvent les gares routières. Un bus dénommé « le direct » relie deux fois par jour Pointe-à-Pitre au centre administratif Basse-Terre où se trouvent la préfecture et les bureaux des grands services de l'État. Quant à la gare maritime qui se trouve également à Pointe-à-Pitre, elle permet de relier par navettes plusieurs fois par jour la Guadeloupe proprement dite aux autres îles de l'archipel, mais également aux îles de la Dominique, de la Martinique et de Sainte-Lucie. Pour les îles de la Désirade et des Saintes, il est préférable de prendre le bateau dans les ports plus proches de ces destinations, soit respectivement Saint-François ou Trois-Rivières.

▶ GRAMMAIRE
L'AGGLUTINATION

Certains mots sont constitués de groupes de mots français agglutinés en un seul terme pour s'intégrer dans la structure de la phrase créole avec un signifié qui peut être légèrement différent : **parapòt**, *par rapport* ; **aprézan**, à *présent* ; **onlòt**, *un autre* ; **tousèl**, *tout seul* ; **alòsdonk**, *alors donc* ; **alèkilé**, à *l'heure qu'il est* ; **yonnalòt**, *un* à *l'autre*.

LA PLACE DE JA DÉJÀ DANS L'ORDRE DES MARQUEURS

I té ja la lè an rivé. *Il/elle était déjà là quand je suis arrivé.*
Adliz ké ja pati lè sé biwo-la ké ka fèmé. *Adelise sera déjà partie quand les bureaux seront en train de fermer.*
Dans les deux cas ci-dessus, **ja** se place après **té** donc **té ja**, mais également après **ké** donc **ké ja**.

Cependant, **ja** se place avant **ka** puisque nous avons **ja ka** : **Yo ja ka fèmé sé biwo-la.** *On ferme déjà les bureaux.*

Retenons que l'ordre de ces différentes particules qui précèdent le verbe est toujours **té**, **ké**, **ja** et **ka**.

PASSÉ PROCHE ET FUTUR IMMÉDIAT

… ni yonn i sòti fin pati… *… il y en a un qui vient tout juste de partir…*
Le passé proche s'exprime en plaçant le verbe modal **sòti** *(vient de)* auquel on peut ajouter **fin/fini** *(finir)* pour traduire une plus grande proximité avec l'instant présent.

… é prochen-la kay pati… *… et le prochain partira…* Le futur immédiat s'exprime quant à lui en faisant précéder le verbe de la particule **kay** *(va)*.

⬢ EXERCICES

1. COMPLÉTEZ LES PHRASES SUIVANTES AVEC :
ké ja, yenki, aprézan, sòti fin, alé é viré.

a. Ni .... Onsèl dirèkt ka vwayajé lématen.

b. Konmen pou .... Bastè ?

c. Tan pou an viré, boutik-la .... Fèmé.

d. .... ou di-mwen ka ou vlé an ké pé réponn-vou.

e. Ni on transpò i .... rivé alè la.

2. ÉCOUTEZ ET TRANSCRIVEZ LES PHRASES ENREGISTRÉES, PUIS INDIQUEZ À QUELLE TRADUCTION FRANÇAISE ELLES CORRESPONDENT.

a. ....

1. À quelle heure part le prochain bus pour Pointe-à-Pitre ?

b. ....

2. Combien coûte le billet pour Basse-Terre ?

c. ....

3. Il y en a un qui vient tout juste de partir.

d. ....

4. Ce bus s'arrête dans toutes les communes qu'il traverse.

5. Il n'y a qu'un seul direct par jour.

e. ....

VOCABULAIRE

transpò (an komen) *bus*
jé *plaisanterie, jeu*
parapòt *par rapport, en fonction de*
aprézan *maintenant*
arèsté *arrêter, cesser, stopper*
komin *bourg, commune*
mélé *embêter, contrarier*
lèstasyon *gare routière (la station routière)*
sèksyon *lieu-dit, hameau*
pasaj *billet (passage)*
oblijé *forcer, être tenu de*
dwèt douvan *en face de, pile devant (litt. droit devant)*
yonn tousèl *unique (litt. un tout seul)*
alé é viré *aller et retour*
rété atè *rester en rade (litt. rester à terre)*

18.
S'ORIENTER

MANDÉ CHIMEN

OBJECTIFS	**NOTIONS**
- DEMANDER UN ITINÉRAIRE - DONNER DES INDICATIONS	- L'AGGLUTINATION (SUITE) - LES ADVERBES DE MANIÈRE - L'IMPÉRATIF

DEMANDER UN ITINÉRAIRE

Deux hommes discutent au bord de la route quand une femme les accoste…

La femme : Bonjour, excusez-moi !

Un homme : Oui, nous vous écoutons !

La femme : L'un de vous pourrait-il me dire où se trouve la Région ?

Un homme : La Région ? Mais vous n'y êtes pas du tout ! Vous êtes dans la mauvaise direction !

La femme : Mais je me suis renseignée plus haut, on m'a dit que Félix Éboué, c'est par ici !

Un homme : Attendez ! Vous cherchez quoi précisément ? La Région ou Félix Éboué ?

La femme : Tenez, lisez le papier ! C'est là que je dois aller !

Un homme : Service permis de la Préfecture ! Eh bien, c'est bien ce que je vous disais ! Vous êtes dans la mauvaise direction ! Vous êtes à pied ou en voiture ?

La femme : Je suis en voiture. J'ai quelqu'un qui me conduit (véhicule).

Un homme : Écoutez ! Vous voyez le rond-point derrière vous ? Vous le remontez, au deuxième rond-point après le cinéma, vous prenez à droite et vous allez tout droit. À un moment, sur votre gauche, vous verrez un grand mur blanc. Vous le longez jusqu'à arriver à une fourche avant la station-service sur votre gauche. Vous suivez ?

La femme : Oui, oui ! Je suis tout ouïe !

Un homme : Une fois à la fourche, vous prendrez à gauche, la rue qui grimpe. D'ailleurs, vous verrez des panneaux indiquant La Région, le Collège Pitat, etc. Vous ne grimperez pas la côte ! Au pied de la côte, quand ça commence à grimper, vous verrez, sur votre gauche, un grand édifice avec des marches devant. C'est là que vous trouverez ce que vous cherchez et qui est noté sur le papier que vous m'avez montré.

La femme : Alors, nous faisons demi-tour par ici et au rond-point après le cinéma nous prenons à droite et remontons jusqu'à un grand mur blanc. Après le grand mur blanc, nous arriverons à une fourche et là, nous prendrons à gauche et, avant d'entamer la montée, sur notre gauche, nous verrons le bâtiment que nous cherchons !

Un homme : Excellent !

La femme : Merci ! Merci beaucoup !

Un homme : Pas de soucis ! Il faut s'entraider dit-on !

MANDÉ CHIMEN

Dé nonm ka kozé bò chimen lè on Fanm ka bòdé-yo…

Fanm-la : Bonjou, èskizé-mwen !

On nonm : Wi, nou ka kouté-w !

Fanm-la : Ès yonn adan zòt té ké pé di-mwen ola biwo a Laréjyon yé ?

On nonm : Laréjyon ? Mé a pa kotésit menm ! Ou an mové sans-la !

Fanm-la : Mé, an mandé pli wo. Yo di-mwen lari Félis Ébwé sé p'asi kotésit !

On nonm : Atann ! Ka ou ka chèché ojis ? Biwo Laréjyon oben lari Félis Ébwé ?

Fanm-la : Mi, li asi papyé-la ! Sé la fo-mwen alé !

On nonm : Sèvis pèwmi Lapréfèkti ! Ében, sé sa menm an té ka di-w la ! Ou an mové sans-la ! Ou a pyé oben ou an loto ?

Fanm-la : Mwen an loto. Ni on moun ka kondui-mwen.

On nonm : Gadé ! Ou ka vwè wonpwen-la i dèyè do a-w la ? Zòt ka travèsé-y é zòt ka kontinyé alamonté, an dézyèm wonpwen-la apré siléma-la, zòt ka pran adwèt é zòt ka monté tou dwèt. On moman si men gòch a-zòt, zòt ké vwè on gran masonn blan. Zòt ka lonji-y jiktan zòt rivé adan on twa chimen avan chèl-la si gòch a-zòt.
Ou ka suiv ?

Fanm-la : Wi, wi ! An ka kouté-w !

On nonm : Lè zòt ké an twa chimen-la, zòt ké pran agòch, lari-la ka monté la. Dayè zòt ké vwè on panno maké Laréjyon, kolèj Pita é konsò. Zòt pé ké monté mòn-la, agòch a-zòt, an pyé a mòn, lè i ka konmansé monté, zòt ké vwè on gran batiman épi mach-lèskalyé douvan-y. Sé la ou ké touvé sa ou ka chèché la é i maké si papyé-la ou montré-mwen la.

Fanm-la : Alòsdonk, nou ka viré kotésit é an wonpwen-la apré siléma-la nou ka pran adwèt alamonté jiktan on gran masonn blan. Apré gran masonn-la, nou ké rivé adan on twa chimen é la, nou ké pran agoch é, avan nou ataké mòn-la, si men gòch an-nou nou ké vwè batiman-la nou ka chèché la !

On nonm : Ou bon !

Fanm-la : Mèsi ! Mèsi toubòlman !

On nonm : Pa ni pwoblèm ! Sé yonn a lòt kon yo ka di !

COMPRENDRE LE DIALOGUE
EXPRESSIONS

→ **Ès yonn adan zòt…?** *L'un d'entre vous…?* (litt. *Est-ce un dans vous…?*)
→ **Mach-lèskalyé**, *des marches* (litt. *marches d'escalier*).
→ **Yonnalòt**, *entraide, solidarité* (litt. *l'un à l'autre*).
→ **Kon yo ka di** (litt. *Comme on dit*) sous-entendu « le dit l'adage ».
→ **Si men dwèt a-w**, *à votre droite* (litt. *sur votre main droite*).
→ **Pyé a mòn-la**, *le bas de la côte* (litt. *Pied du morne*).
→ **Ay toudwèt**, *aller tout droit*.
→ **Si men gòch a-w**, *à votre gauche* (litt. *sur votre main gauche*).
→ **Ou bon !** *Ça va ! C'est ok !* (litt. **tu bon** = *tu as tout bon !*)

PHONOLOGIE : RAPPEL À PROPOS DU H ASPIRÉ

Ho *haut*, se dit en aspirant le [h] à l'initiale ce qui peut aller jusqu'à **wo** ou même **ro**. Ainsi, **hotè** *hauteur* pourra se dire **rotè**.

De même pour **hay/ray**, *haïr* ; **hach/rach**, *hache* ; **haché/raché**, *hacher* ; **hont/wont**, *honte* ; **hou/wou**, *houe* ; **hélé/rélé**, *héler*, etc.

NOTE CULTURELLE

Aux Antilles, et plus singulièrement en Guadeloupe, les habitants ont l'habitude, bien que cela tende à changer progressivement, de donner des indications en se passant du nom des rues et des numéros. Sûrement en mémoire d'une époque où toutes les rues n'avaient pas de nom et toutes les maisons des numéros. On se base sur des repères inaltérables comme les édifices, les monuments, les institutions, la topographie et autres places incontournables. De même, on préférera dire 1er, 2e, 3e… maison à droite ou à gauche que donner le numéro. Ces repères se sont d'ailleurs avérés très utiles quand on a rebaptisé et refait la numérotation de certaines rues.

▶ GRAMMAIRE
LES ADVERBES DE MANIÈRE

Zot ka travèsé-y é zòt ka kontinyé alamonté. *Vous le traversez (le rond-point) et vous continuez en montant.*

Certains adverbes de manière se construisent avec le préfixe **ala** :
alamonté, *en montant* ; **aladésann**, *en descendant* ; **alakous**, *en courant* ; **alavavit**, *rapidement.*

Voici d'autres exemples : **An travèsé rivyè-la alanaj.** *J'ai traversé la rivière en nageant.* **Yo ké fè-zòt maché alabagyèt.** *On vous fera marcher correctement (litt. à la baguette).*

L'IMPÉRATIF

Atann! Ka ou ka chèché ojis? *Attendez! Vous cherchez quoi précisément ?*
Voici un exemple de construction de l'impératif.

1ʳᵉ personne du pluriel	2ᵉ personne du pluriel
Annou atann. *Attendons.*	**Atann!** *Attendez!*
Annou kouté! *Écoutons!*	**Kouté!** *Écoutez!*
Annou maché! *Marchons!*	**Maché!** *Marchez!*
Annou kouri! *Courons!*	**Kouri!** *Courez!*

EXERCICES

1. COMPLÉTEZ LES PHRASES SUIVANTES AVEC :
pyé, p'asi, jiktan, kijan, alamonté.

a. Yo di-nou konsa ay toudwèt .... nou rivé adan on twachimen.

b. An .... a mòn-la sé la nou ké vwè chèl-la.

c. .... an ka fè pou ay Lapréfèkti ?

d. Fo pran ....apré ou travèsé wonpwen-la.

e. Yo di-mwen sé .... kotésit an ké touvé Laréjyon.

2. TRADUISEZ EN CRÉOLE LES PHRASES SUIVANTES.

a. Vous devez suivre le chemin qui monte sur votre droite.
....

b. Vous êtes dans la mauvaise direction.
....

c. Après le carrefour, prenez la deuxième à gauche.
....

d. Continuez tout droit jusqu'à la fourche.
....

e. Après la station-service, le troisième édifice, après les marches, c'est là.
....

VOCABULAIRE

wonpwen *rond-point*
twa chimen *embranchement, fourche*
kat chimen *carrefour*
sans *direction, sens*
adwèt *à droite*
agòch *à gauche*
alamonté *en montant (la côte)*
aladésann *en descendant (la côte)*
p'asi (pa asi) *vers, aux environs de (par sur)*
pli wo *plus haut*
dèyè *derrière*
douvan *devant*
dézyèm *deuxième*
ojis *précisément, exactement (au juste)*
jiktan/jistan/jisatan *jusqu'à ce que*
panno *panneau*
bòdé *aborder quelqu'un*
viré *tourner*
déviré *faire demi-tour*
lonji *longer*
kondui *mener, conduire*
travèsé *traverser*
masonn *mur*
batiman *édifice, immeuble, bâtiment*
mòn *montée, colline*

19.
LA CIRCULATION EN VILLE

ALÉVINI ANVIL

OBJECTIFS	**NOTIONS**
- PARLER DU TRAFIC URBAIN ET DE SES DIFFICULTÉS - ÉNUMÉRER QUELQUES USAGERS DE LA VILLE	- LES VERBES SÉRIELS - L'ÉLISION - LA PRONOMINALISATION DE CERTAINS VERBES - LE PASSÉ RÉCENT

CIRCULER EN VILLE

La 1re dame : Mes amis, comme c'est compliqué de circuler en ville de nos jours ! Impossible de marcher !

La 2nde dame : Holala ma fille, c'est inracontable ! Ils entravent les trottoirs avec tout ce qu'ils peuvent ! Celui-ci vend ses babioles, celui-là se croit dans son salon à discuter avec ses amis…

La 1re dame : … les magasins, de leur côté, mettent leurs panneaux publicitaires à l'extérieur sur le trottoir…

La 2nde dame : … parfois c'est un gros 4X4 qui (vous) obstrue le passage. Leurs propriétaires prennent les trottoirs pour leurs garages !

Un monsieur : Vous parlez ainsi parce que vous n'avez pas de véhicule !

La 1re dame : Et quand bien même on en aurait un ! Cela ne changerait rien !

Un monsieur : C'est ce que vous dites ! Vous croyez que c'est facile de circuler en voiture en ville ? Les gens traversent les rues de façon anarchique, dans tous les sens ! Ils ne laissent pas circuler les voitures…

La 2nde dame : … forcément ! À l'instant même, je te disais qu'ils bloquent les trottoirs ! Où veux-tu qu'ils marchent ?

Un monsieur : … quant aux deux roues ! Ils ne respectent ni sens interdit ni stop ! Ils ne font que surgir sans que tu les voies arriver…

La 1re dame : … ceux-là, je ne te dis pas ! Tu crois que les vélos se gênent pour monter eux aussi sur les trottoirs ?

MONTÉ É DÉSANN ANVIL

1é madanm-la : Mézanmi, mi bab mi pou monté é désann anvil jodijou ! Pa ni mwayen ou maché !

2è madanm-la : Ayayay mafi, sé pa palé ! Yo ka baré sé twotwa-la épi tou sa yo pé ! Sila ka vann awtik a-y é branbrann a-y, tala ka kwè i an salon a-y ka kozé é zanmi a-y…

1é madanm-la : … sé boutik-la, a tou a-yo, ka mèt panno réklam a-yo dèwò si twotwa-la…

2è madanm-la : … dé lè sé on gwo katkat ka baré chimen a-w. Mèt a-yo ka pran sé twotwa-la pou garaj a-yo !

On misyé : Zòt ka palé konsa davwa zòt pa ni loto !

1é madanm-la : É menmsi nou té ni loto ! Sa pa té ké chanjé ayen !

On misyé : Sé sa zòt ka di ! Zòt ka kwè sa fasil woulé an loto anvil ? Moun ka travèsé lari anpangal, an tout sans ! Yo pa ka ba vwati lè pou yo pasé…

2è madanm-la : … oblijé sa konsa ! An sòti té ka di-w yo ka baré sé twota-la ! Ola ou vlé yo maché ?

On misyé : … kant a sé déwou-la ! Yo pa konnèt ni sans intèwdi ni èstòp ! Yo k'anni débouché si-w san ou vwè-yo rivé…

1é madanm-la : … yomenm, an pa ka di-w ! Ou kwè sé bisiklèt-la ka jenné kò a-yo pou monté si sé twotwa-la yo osi ?

On misyé : Zòt ankò, zòt ni on lari yenki pou moun-apyé mé nou, lè ou adan on loto anba solèy cho-la an plen adan on anboutéyaj san bout èvè vwati garé adwèt a-w kon agòch a-w, an pé di-w ou ka swé tout sèl a batenm a-w !

2è madanm-la : Ou konprann sé nou i ké pléré ba-w ! Ou ni kita lagé vwati-la tibwen é pran dé pyé a-w. Maché a pyé pé ké fè-w ditò !

COMPRENDRE LE DIALOGUE
EXPRESSIONS

→ **Mi bab mi.** *Comme c'est compliqué, Quelle histoire (*litt. *voici barbe tiens).* **Bab** est souvent employé pour désigner un souci ou une difficulté dont on se passerait volontiers.

→ **Monté é désann**, *circuler (*litt. *monter et descendre).* La traduction littérale illustre très bien le bourg doté d'une unique rue principale où la circulation consiste à monter et descendre.

→ **Mafi**, *ma fille.* Ne voyez aucune filiation dans cette expression : elle fait partie des expressions telles que **monfi**, **machè**, **konpè**, **mézanmi**, **frè**, **tifrè**, **monkonpè** qui émaillent les conversations quand on ne connaît pas une personne ou que l'on n'utilise pas les prénoms.

→ **Sé pa palé**, *C'est inracontable, ça laisse sans voix (*litt. *c'est pas parler).*

→ **Ba… lè**, *laisser passer (*litt. *donner l'air) ;* **ba sé vwati-la lè** *laisser passer les voitures.*

→ **An pa ka di-w.** *Je ne te raconte pas (*litt. *je ne te dis pas).*

→ **Jénné kò a-yo.** *Ils se gênent (*litt. *gêner leur corps).* **Pa jénné kò a-w !** *Mets-toi à ton aise !* **I pa ka jénné kò a-y !** *Il se croit tout permis !*

→ **Yenki pou moun-apyé**, *uniquement/seulement pour les piétons (*litt. *rien que pour des gens à pied).* **Yenki** peut se dire selon le locuteur **anni** ou **anki**.

→ **Swé tout sèl a batenm a-w**, *transpirer à grosses gouttes (*litt. *suer tout le sel de ton baptême).*

→ **Pran dé pyé a-w**, *aller à pied (*litt. *prendre tes deux pieds).* **I pran dé pyé a-y.** *Il est parti à pied.*

NOTE CULTURELLE

Les embouteillages ne sont pas l'apanage des mégapoles. Sur les routes de Guadeloupe, on fait souvent du sur place pendant un temps qui semble toujours trop long, sur le trajet qui permet d'aller au travail ou d'en revenir. Les Antillais étant très matinaux, les encombrements commencent dès 6 h du matin. En milieu de matinée, entre 9 h et 11 h et en milieu d'après-midi entre 14 et 16 h, la circulation est plus fluide, mais alors… **Penga !** *Prenez garde !* Les routes sont truffées de radars à l'affût des excès de vitesse.

▶ GRAMMAIRE
LES VERBES SÉRIELS

Souvent, en créole, on associe deux verbes français pour obtenir un nouveau signifié, assez transparent : **monté-désann**, **alé-vini**, **kouri-di**, **rété-kouté**, **tann-di**, **kompwann-di**, **pwan-kouri**, etc.

L'ÉLISION

K'anni débouché = ka anni débouché. Tout comme nous l'avons vu, avec **ka ay = k'ay**, la rencontre de deux voyelles provoque la suppression à l'oral de l'une d'elles au profit de l'autre, ce que l'on rend à l'écrit par une apostrophe. Nous avons déjà vu cette représentation graphique pour la contraction d'une consonne **ja'a** pour **ja ka** et **té'é** pour **té ké**.

LA PRONOMINALISATION DE CERTAINS VERBES

La pronominalisation de certains verbes se fait avec **kò** *corps* ; **yo pa ka jenné kò a-yo**, *ils ne se gênent pas (*litt. *Ils ne gênent pas leur corps).*

LE PASSÉ RÉCENT

An sòti té ka di-w sa/An fin té ka di-w sa/An sòti fin té ka di-w sa.
Le passé récent s'exprime en faisant précéder les marqueurs de prédication **té, ka** par un marqueur de modalité **sòti**, **fin**, ou encore, **sòti** + **fin.** On pourrait résumer leur modulation comme suit :
    An sòti di-w sa. *Je viens de te le dire.*
    An fin di-w sa. *Je viens à l'instant de te le dire.*
    An sòti fin di-w sa. *Je viens à peine de te le dire.*

⬢ EXERCICES

1. COMPLÉTEZ LES PHRASES SUIVANTES AVEC :
K'anni, té'é, sòti, fin, sòti fin.

a. Boutik-la .... wousouvwè sé dènyé awtik-la ou té ka atann la.

b. Ou pa'a tann sé bisiklèt-la rivé, ou .... vwè-yo ka travèsé.

c. Mi, ... an té ka di-y konsa pa ni mwayen ou maché anvil !

d. A ! an ....vann dènyé-la l té ka rèsté la.

e. É menmsi an té ni on vwati sa pa .... opozé-mwen pran dé pyé an-mwen.

2. ÉCOUTEZ ET TRANSCRIVEZ LES PHRASES ENREGISTRÉES, PUIS INDIQUEZ À QUELLE TRADUCTION FRANÇAISE ELLES CORRESPONDENT.

21

a. ....

b. ....

c. ....

d. ....

1. Il est très compliqué de circuler en (centre) ville de nos jours.

2. Les piétons ne laissent pas circuler les voitures.

3. Les panneaux publicitaires vous obstruent le passage.

4. Il y a des voitures stationnées à droite comme à gauche.

5. Les deux roues surgissent de n'importe où.

VOCABULAIRE

anvil *en ville, centre-ville*
twotwa *trottoir*
branbrann *babiole*
awtik *article, gadget*
boutik *boutique, magasin*
réklam *publicité*
chimen *chemin, passage*
garaj *garage*
sans *sens, direction*
sans intèwdi *sens interdit*
èstòp *stop*
loto *auto*
vwati *voiture*
déwou *deux roues*
bisiklèt *bicyclette, vélo*
moun-apyé *piéton*
katkat *4×4*
mafi *ma fille (pas dans le sens de filiation)*
jodijou *aujourd'hui, de nos jours*
ayen *rien*
anpangal *n'importe comment, de façon désordonnée*

monté *monter*
désann *descendre*
maché *marcher*
baré *barrer, entraver*
vann *vendre*
kozé *causer, discuter*
woulé *rouler, circuler*
pasé *passer*
débouché *déboucher, surgir*
garé *garer, stationner*
swé *suer, transpirer*

20.
LE COMMERCE POPULAIRE

LOLO É KONMÈS

OBJECTIFS	NOTIONS

- **SE FAMILIARISER AVEC LA PRATIQUE LOCALE**
- **POUVOIR CITER QUELQUES PRODUITS DU MARCHÉ**
- **SAVOIR EXPRIMER LES QUANTITÉS**

- **L'IRRÉEL OU CONDITIONNEL**
- **LES PRONOMS DÉMONSTRATIFS**
- **KIKOTÉ/OLA**
- **KAY + NI POU**
- **LE RETOUR SUR LE POSSESSIF DÉMONSTRATIF**

AU MARCHÉ

Le client : Bonjour !

La marchande : Bonjour mon fils ! Dis à maman ce qu'il te faudrait ?

Le client : (À) combien les tomates ?

La marchande : (À) trois euros le kilo ! Quelle quantité te faudrait-il ?

Le client : Trois euros ! Non, c'est trop cher ! Là-bas ils m'ont demandé deux euros cinquante pour un kilo…

La marchande : … oui, mais celles-ci, ce sont de belles tomates plantées par mes soins, sans aucun produit chimique. Ce ne sont pas des tomates sorties je ne sais d'où !

Le client : Je ne vous dis pas le contraire, mais votre prix est trop élevé pour moi !

La marchande : Si tu m'achètes d'autres choses, je vais (devoir) te faire un bon prix !

Le client : Maintenant vous commencez à m'intéresser ! Par conséquent, je vais prendre cinq cents grammes de tomates, cinq cents grammes de haricots verts, cinq cents grammes d'aubergines et un kilo d'oranges. J'espère qu'elles ne sont pas acides vos oranges !

La marchande : Ah ça, elles sont vraiment très sucrées ! C'est un délice ! Et avec cela, tu ne veux pas des carottes ? Tiens, regarde ! J'ai là de belles petites carottes à deux euros le kilo !

Le client : Non, je n'ai pas besoin de carottes ! Combien vous dois-je ?

La marchande : Et des bananes vertes ? Tu es sûr de ne pas vouloir quelques petites bananes vertes bien tendres à cuire ce midi avec de la morue ?

Le client : Non, j'ai déjà mon fournisseur pour ça !

La marchande : Eh bien ça te fait six euros !

Le client : Voilà votre argent. Vérifiez que le compte y est avant que je parte pour qu'il n'y ait pas de différend entre nous !

La marchande : C'est bon (nous sommes ok) ! Merci mon enfant. Maintenant, tu sais où me trouver, ne m'oublie pas !

ANBA LAPLAS

Kliyan-la : Bonjou !

Machann-la : Bonjou gason an-mwen ! Di manman ka ou té'é bizwen ?

Kliyan-la : A konmen sé tomat-la ?

Machann-la : A twa éwo kilo-la ! Ki kantité té ké fo-w ?

Kliyan-la : Twa éwo ! Awa, sa two chè ! Anba-la yo mandé-mwen dé éwo senkant pou on kilo…

Machann-la : … wi mé sé-tala, sé bèl tomat an planté mwenmenm an-mwen, san p'on podui chimik adan. A pa tomat i sòti an pé pa di-w ki koté !

Kliyan-la: An pa ka di-w non mé pri a-w two cho ban-mwen !

Machann-la : Si ou ka fè-mwen vann dòt biten, an kay ni pou ranjé sa ba-w !

Kliyan-la : Aprézan ou konmansé palé ban-mwen ! Alòsdonk, an ké pran on liv tomat, on liv pwa tann, on liv bélanjè é on kilo zoranj. An ka èspéré yo pa si sé zoranj a-w-lasa !

Machann-la : A sa, pou sikré yo sikré toubòlman ! Sé sik sosé dan myèl ! É èvè sa ou pa vlé kawòt ? Mi, gadé ! An ni bèl ti kawòt la a dé éwo kilo-la !

Kliyan-la : Awa, an pa bizwen kawòt ! Konmen an ni ba-w ?

Machann-la : É pòyò ? Ou séten ou pa vlé dé ti pòyò byen tann pou mété an difé anmidi épi on ti mori ?

Kliyan-la : Awa, an ja ni moun an-mwen pou sa !

Machann-la : Eben sa ka fè-w sis éwo !

Kliyan -la : Mi lajan a-w. Gadévwè si ou ni kont lajan a-w avan mwen alé pou nou pa trapé bab !

Machann-la : Nou bon ! Mèsi pitit an-mwen. Konyéla ou konnèt la an yé sonjé-mwen !

◼ COMPRENDRE LE DIALOGUE
EXPRESSIONS

→ **Sik sosé dan myèl**, *délicieux, un nectar (*litt. *du sucre trempé dans du miel).*
→ **Konmen lajan an ni ba-w ?** *Combien vous dois-je ? (*litt. *Combien d'argent (que) j'ai pour vous ?).*
→ **Ti-kawòt**, **ti-pòyò**, **ti-mori**. **Ti** est un adjectif traduisant une relation de proximité presque affectueuse.
→ **Sa ka fè-w**, *cela vous coûte, cela te fait* ; **sa ka fè**, *cela coûte.*
→ **Kont lajan**, *le compte, la somme due (*litt. *compte d'argent).*
→ **Trapé bab**, *avoir un différend, avoir des histoires (*litt. *attraper de la barbe).*

NOTE CULTURELLE

La place du marché « couvert » (ce qui explique « **anba** » **laplas**) est un lieu où se tissent les liens sociaux. Entre clientèle et marchande, la relation de proximité est quasi-familiale, d'où les expressions **gason an-mwen**, *mon fils ;* **pitit an-mwen**, *mon petit* et **manman**. Ces relations n'ont rien à voir avec l'aspect impersonnel des supermarchés. On exprime d'ailleurs encore au marché, comme au temps des **lolo**, ces *petites épiceries* où l'on vendait tout au détail, les quantités en **liv**, *livre (500 g)* ; **dèmiliv** ou **dimiliv**, *demi-livre (250 g)* et **kadliv**, *quart de livre (125 g).*

GRAMMAIRE
KIKOTÉ/OLA

Yo sòti an pé pa di-w kikoté. *Ils viennent je ne sais d'où (*litt. *de quel côté).*
Kikoté est également un pronom interrogatif : **Kikoté ou sòti ?** *D'où viens-tu ?*

Ola et **kikoté** sont équivalents sans aucune nuance de différence. Certains locuteurs utilisent plus souvent **kikoté**, d'autres **ola**.

Exemples :
Ola ou k'ay ? Kikoté ou k'ay ? *Où vas-tu ?*
Pa ola ou ni lidé pasé / Pa kikoté ou ni lidé pasé ? *Par où comptes-tu passer ?*

LES PRONOMS DÉMONSTRATIFS

→ **Tala**, *celui-ci/celle-ci* ; **sila**, *celui-là/celle-là*, deviennent au pluriel **sé… tala**, **sé… sila** : **Awa sé sila two chè ! Wè mé sé-tala sé bèl tomat an planté.** *Non celles-là sont trop chères ! Oui mais celles-ci sont de belles tomates que j'ai plantées.*

RETOUR SUR LE POSSESSIF DÉMONSTRATIF

Rappelons la construction **sé zoranj-la**, *les oranges*. **Sé zoranj a-w la**, *les oranges qui t'appartiennent* ; **Sé zoranj a-w lasa**, *ces oranges qui sont les tiennes*.

KAY + NI POU

Kay est utilisé pour le futur proche, tandis que **ni pou** impose l'obligation :
An kay ni pou fè-w on bon pri. *Je vais devoir te faire un bon prix.*

Avec une notion de futur plus lointain ou plus indéterminé, on aurait pu dire **an ké ni pou…**

L'IRRÉEL OU CONDITIONNEL

Si **té** est un marqueur de temps passé, **ké** est celui du futur. Une action inscrite à la fois dans le passé et dans le futur, **té + ké** n'est pas réelle, elle ne pourrait se réaliser que si certaines conditions étaient réunies :
Ka ou té ké bizwen ? *De quoi aurais-tu besoin ?*
Té ké à l'écrit est souvent à l'oral dit **té'é**. On entend donc **ka ou té'é bizwen ?**

● EXERCICES

1. COMPLÉTEZ LES PHRASES SUIVANTES AVEC :
kikoté, tala, sila, sé… tala, a-w lasa, ké ni pou, -lasa.

a. Si ou fè-mwen vann an ………..vwè kijan an kay pé ranjé sa ba-w.

b. …………………………… ka parèt plibèl ki …………………………………… !

c. An pa konnèt ………………… sé tomat …………………………… sòti.

d. Pòyò …………………………………… sòti an jaden an-mwen !

e. ………………… pwatann ……………………….. sé bon pwatann biyo. Nati ! Nati !

2. TRADUISEZ EN CRÉOLE LES PHRASES SUIVANTES.

a. C'est combien les 500 g de haricots verts ?
………

b. Elles viennent d'où vos bananes vertes ?
………

c. Il me faudrait 250 g d'aubergines et 250 g de carottes.
………

d. C'est trop cher pour moi, plus haut c'est 2 € le kilo.
……… .

e. Si vous me faites un prix, je peux en prendre plus.
………

VOCABULAIRE

tomat *tomate*
bélanjè *aubergine*
pwa tann *haricot vert (pois tendre)*
zoranj *orange*
cho *onéreux, très cher*
liv *500 g (livre)*
kawòt *carotte*
si *acide*
sikré *sucré*
pòyò (vèt) *banane verte*
sosé *tremper (saucer)*
gadévwè *vérifier, contrôler*

POUR ALLER PLUS LOIN

Au rayon bananes, les plus répandues sont les **pòyò (vèt)** *bananes vertes* que l'on cuit et mange comme des pommes de terre. Ces mêmes **pòyò** une fois mûrs deviennent **fig jòn** *bananes desserts (figues jaunes)*. Ainsi, toutes les bananes « fruits » sont appelées **fig** ; **fig ponm**, **fig sikré**, etc.
bannann jòn *bananes plantains (bananes jaunes)*

Quelques fruits
zannanna *ananas*
kowòsol *corossol*
mango *mangue*
karanbòl *carambol*
kénèt *quénette*
zabriko péyi *abricot pays*
siriz péyi *acérola*
gouyav *goyave*
marakoudja *fruit de la passion*
ponm-malaka *framboisier*
ponm-kannèl *pomme-cannelle*
ponm-sirèt *pomme-surette*
ponm-lyann *pomme-liane*
ponm-sitè *pomme-cythère*
ponm-wòz *pomme-rose*
tanmaren *tamarin*
monben *monbin*
prin kafé *prune café*

Quelques légumes
jiromon *potiron*
kristofin *christophine*
zaboka *avocat*
ziyanm *igname*
malanga *malanga*
madè *madère*
konkonm *concombre*
zépina *épinard*
fouyapen/foubap *fruit à pain*
pwa *haricot*

21.
LA GRANDE SURFACE

GRAN MAGAZEN-LA

OBJECTIFS	**NOTIONS**

- **PARLER DES GOÛTS ET DES COULEURS**
- **PARLER DE LA TAILLE ET DES MENSURATIONS**
- **QUELQUES RAYONS DE GRANDE SURFACE**

- **JA ET PÒKÒ DÉJÀ ET PAS ENCORE**
- **KA[1], KA[2] ET KA[3]**

DANS UN GRAND MAGASIN

Julien : Bien, maintenant que nous avons les boissons et les victuailles dont nous avions besoin, je vais faire un tour au rayon informatique !

Agathe : Entendu, pendant ce temps, je vais au rayon des vêtements pour femme.

Julien : D'accord ! Le premier qui finit vient rejoindre l'autre !

Agathe : Parfait ! À tout à l'heure alors !

Quinze minutes plus tard…

Agathe : Tu as déjà fini !?

Julien : Déjà fini ?… Cela fait un moment que j'ai fini, mais visiblement toi, t'es loin d'avoir fini !

Agathe : Ce n'est pas facile de trouver un vêtement qui m'aille et quand j'en trouve un, c'est la couleur qui ne me plaît pas.

Julien : Ah vous les femmes, ce que vous êtes complexes ! Face à trop de choix vous êtes embarrassées !

Agathe : Aide-moi à chercher au lieu de dire des sottises !

Julien : Mais je ne sais rien de toi ! Quelle est ta taille ? Quelle est ta couleur préférée ?

Agathe : … je cherche une belle petite robe sans bretelles de taille 36 et d'une couleur tirant sur le violet ! Tu vois ?

Julien : Dans quelle matière ?

Agathe : Coton ! Je ne porte que des vêtements en coton. Ma peau ne tolère pas les tissus synthétiques.

Julien : Tiens, regarde ! Va essayer cela dans la cabine pour voir !

Agathe : Alors, qu'en dis-tu ? Comment tu la trouves ?

Julien : Tourne-toi, mets-toi de profil, lève tes bras, retourne-toi, fais-moi voir derrière !

Agathe : Alors, qu'en dis-tu ? Elle te plaît ou pas ?

Julien : Je dis que j'ai très bon goût et très bon œil !

Agathe : Ferme-la idiot ! Je te demande ton avis rien de plus.

Julien : On dirait que cette robe a été créée pour toi !

Agathe : Dans ce cas, je la prends. Maintenant, il faut que je trouve une paire de chaussures assortie, à ma pointure…

Julien : Ah ça non ! Je ne t'attendrai pas cette fois-ci. Je prends ce qui m'appartient dans le charriot et je te laisse !

ADAN ON GRAN MAGAZEN

Jilyen : Bon, alè nou touvé tout bwè é manjé nou té bizwen, an k'ay fè on won an réyon enfòwmatik-la !

Agat : Dakò, pannan sitan an k'ay an réyon a lenj pou fanm vwè sa an ka jwenn.

Jilyen : Ok ! Prèmyé fini ka vin jwenn lòt !

Agat : Opwal ! A talè alò !

On kadè apré…

Agat : Ou ja fin !?

Jilyen : Ja fin ?... lontan an fini mé an ka vwè vou, ou pò'ò paré a fin !

Agat : Sa pa fasil touvé on lenj ka tonbé byen asi mwen é lèwvwè an touvé yonn, sé koulè-la i pa ka agou an-mwen.

Jilyen : A zòt fanm zòt pé di zò konpliké ! Twòp chwa douvan-zòt é zòt mélé !

Agat : Rédé-mwen chèché olyé ou di bétiz !

Jilyen : Mé an pa konnèt ayen a-w ! Ki lajè lenj ou ka fè ? Ki koulè ou pisimyé…

Agat : … an ka chèché on bèl ti wòb san britèl adan lé 36 é on koulè ka bay si vyolèt ! Ka vwè ?

Jilyen : An ki twèl ?

Agat : Koton ! An pa ka pòté dòt ki lenj an koton. Po an-mwen pa ka sipoté sé twèl sentétik-la.

Jilyen : Mi gadé ! Ay éséyé sa an kabin-la pou vwè !

Agat : Alò, ka ou ka di ? Kijan ou ka touvé-y ?

Jilyen : Touné-w, météw si koté, lévé dé bwa a-w, viré-w, ban vwè dèyè !

Agat : Alò, ka ou ka di ? I agou a-w on ?

Jilyen : An ka di an ni bon gou é bon zyé toubòlman !

Agat : Pé la kouyon ! Lidé a-w an ka mandé-w paplis.

Jilyen : Yo té'é di sé pou-w yo fè-y wòb-lasa !

Agat : Bon ében an ka pran-y. Aprézan fo-mwen ay prévwa on pè soulyé an pwenti an-mwen k'alé épi-y…

Jilyen : Awa ou ! An pé ké atann-vou kou-lasa. An ka pran sa i tan-mwen adan kadi-la é an ka lagé-w !

COMPRENDRE LE DIALOGUE
EXPRESSIONS

→ **Pannan sitan**, *en attendant (*litt. *pendant ce temps).*
→ **Lidé a-w**, *ton avis (*litt. *ton idée).*
→ **Dòt ki**, *autre que.* **An pa ka pòté dòt ki koton.** *Je ne porte que du coton.* Cette formulation négative est une alternative à la construction positive avec **yenki** ou **anki**. On aurait tout aussi bien pu dire : **An ka pòté yenki/anki koton.**
→ **P'ou vwè = pou ou vwè**, *afin que tu voies.*
→ **B'an vwè = ban an vwè = ban-mwen vwè**. *Fais voir (*litt. *donne-moi voir).*
→ **Ka Bay si**, *tirant sur, dans les (*litt. *qui donne sur).*
→ **Pé la !** *Tais-toi !* (litt. *Paix là !*) ; **Pé bouch a-w !** *(*litt. *Paix à ta bouche !*) plus vulgairement : **Pé gyèl a-w !** *Ferme ta gueule !* Ainsi nous avons **pé**, *pouvoir* ; **pé**, *pas* devant le marqueur **ké** et **pé**, *se taire.* **An pé ké pé pé.** *Je ne pourrai pas me taire.*
→ **Awa ou !** Ce **ou** qui se trouve en fin d'exclamation est lié à l'intonation : il permet de renforcer, d'intensifier le mot ou l'expression le précédant.
→ **I agou a-w on ?** Là aussi, le **on** renforce l'interrogation.

NOTE CULTURELLE

Les enseignes de supermarchés en pays créoles sont les mêmes qu'en France. Dans ces grandes surfaces, on trouve les mêmes produits standardisés. Cependant, ici, au rayon charcuterie, on trouvera quelques spécialités de la cuisine créole, comme : **gyèl, zorèy é ké a kochon salé**, *groin, oreilles, et queues de cochon salées.* Et pour cause, tout le monde ici en raffole. Sans doute une habitude culinaire qui remonte au temps où les géreurs des habitations s'approvisionnaient sur les docks des ports en achetant les bas morceaux, ceux qui coûtaient le moins cher, pour nourrir les travailleurs-prisonniers qu'ils gardaient en esclavage.

▶ GRAMMAIRE
JA É PÒKÒ DÉJÀ ET PAS ENCORE

Nous avons eu plusieurs fois l'occasion de rencontrer **ja**, *déjà*.

Nous avons vu sa place dans l'ordre des marqueurs de prédication toujours après **té** ou **ké**, mais toujours avant **ka** :

An ja palé ba-w. *Je t'ai déjà prévenu.*
An ja ka palé ba-w. *Je te préviens déjà.*
An té ja palé ba-w. *Je t'avais déjà prévenu.*
An ké ja palé ba-w. *Je t'aurai déjà prévenu.*
An té ké ja palé ba-w. *Je t'aurais déjà prévenu.*
An té ké ja ka palé ba-w. *Je serais déjà en train de te prévenir.*

Il en est de même pour **pòkò**, *pas encore*, qui se contracte le plus souvent en **pò'ò** et même **p'ò** :
An paré. *Je suis prêt.*
An p'ò paré. *Je ne suis pas encore prêt.*
An p'ò té paré. *Je n'étais pas encore prêt.*
ATTENTION avec **ké**, le **pò** de **pòkò** s'en détache et devient **pé** : **An pé ké kò paré.** *Je ne serai pas encore prêt* se dit le plus souvent **An p'é kò paré.**

KA^1, KA^2, ET KA^3

La particule aspectuelle **ka** recouvre plusieurs situations de langage. Ainsi dans la phrase :
Prèmyé-la i fini la ka vini kontré lòt-la. *Le premier qui a fini vient à la rencontre de l'autre.* Il s'agit de **ka**^{1} que nous avons appelé présent continu (c'est une actualisation dans le futur, les locuteurs se projetant dans le temps à venir).

On lenj i ka tonbé byen asi-mwen. *Un vêtement qui me va bien* (habituellement). Ici, il s'agit de **ka**^{2} que nous avons appelé le présent d'habitude.

Sé koulè-la i pa ka agou an-mwen. *C'est la couleur qui ne me convient pas alors.* Ce **ka**^{3} traduit l'idée d'un présent de circonstance.

Ce **ka**^{3} est le seul compatible avec les verbes qui ne prennent habituellement pas **ka** : **vlé**, **pé**, **sav**, **konnèt**, **ni**, **enmé**, **hay**, **pisimyé** et **Ø** devant un état ou un adjectif en position verbale :
I ka lèd lè i ka pléré. *Il est moche quand il pleure.*
I ka bèl lè i ka ri. *Elle est belle quand elle rit.*

● EXERCICES

1. COMPLÉTEZ LES PHRASES SUIVANTES AVEC :
ja, pò'ò, ka[1], ka[2], bay si, dòt ki.

a. Lè an rivé magazen-la ……….. té ouvè.

b. Koulè-la agou an-mwen mé lajè-la pa ……………… ay.

c. An ……….. chèché on jip blé ka ………………….. vèw.

d. I pa ……………………………..pòté ………..lenj an koton.

e. An …………….. éséyé tout sé soulyé-la ponyonn pa agou an-mwen.

● 2. ÉCOUTEZ ET TRANSCRIVEZ LES PHRASES ENREGISTRÉES, PUIS INDIQUEZ À QUELLE TRADUCTION FRANÇAISE ELLES CORRESPONDENT.

a. …………………………………………………… 1. Je cherche une paire de chaussures de couleur bleue qui aille avec ma robe.

b. …………………………………………………… 2. Vous trouverez ce que vous cherchez au rayon vêtements féminins.

c. …………………………………………………… 3. Selon moi, tu devrais essayer la robe avant de l'acheter.

d. …………………………………………………… 4. Dis-moi comment tu la trouves ! Alors, elle te plaît ou pas ?

e. …………………………………………………… 5. On se retrouve au rayon fruits et légumes.

VOCABULAIRE

bwè *boisson*
manjé *victuailles*
réyon *rayon*
enfòwmatik *informatique*
lenj *vêtement*
chwa *choix*
lajè *taille (largeur)*
pwenti *pointure*
koulè *couleur*
wòb *robe*
britèl *bretelle*
vyolèt *violet*
twèl *tissu (toile)*
koton *coton*
po *peau*
sentétik *synthétique*
kabin *cabine*
gou *goût, choix*
kouyon *idiot*
pè soulyé *paire de chaussures*
kadi *charriot (litt. Caddie)*
bétiz *ânerie, idiotie (litt. bêtise)*
kadè *quinze minutes (litt. quart d'heure)*
a talè *à tout à l'heure*
olyé *plutôt que (litt. au lieu de)*
tonbé byen *convenir (litt. tomber bien)*
agou a *plaire, convenir*
éséyé *essayer*
ay prévwa *aller en quête de, à la recherche de (litt. aller prévoir)*
k'alé épi *assorti (litt. qui va avec)*

jwenn *trouver, rencontrer (litt. joindre)*
fini/fin *terminer (litt. finir)*
paré *prêt(e)*
mélé *embarrasser, avoir un dilemme (litt. mêler)*
rédé *aider*
pòté *porter*
touné *tourner*
mété *mettre*
lévé *lever, soulever*
viré *retourner*
pé *se taire*

POUR ALLER PLUS LOIN
Quelques couleurs
blé *bleu*
vèw *vert* **vèt** *(pour le fruit pas mûr)*
jòn *jaune*
rouj *rouge*
kako *marron (litt. cacao)*
blan *blanc*
nwè *noir*
zoranj *orange*

Quelques rayons
brikolaj *bricolage*
fwi é légim *fruits et légumes*
bwè, bwéson *boissons*
manjé *aliments*
bouchri *boucherie*
fomaj *fromage*
pwasonnri *poissonnerie*
boulanjri *boulangerie*

22. LA CONSULTATION MÉDICALE

VIZIT AKA DOKTÈ-LA

OBJECTIFS

- SAVOIR NOMMER DIFFÉRENTES PARTIES DU CORPS
- ÉNONCER QUELQUES TERMES MÉDICAUX ET QUELQUES MAUX

NOTIONS

- DUPLICATION DE LA FORME VERBALE
- L'ÉLISION
- LE PRONOM IMPERSONNEL

CHEZ LE DOCTEUR

Le médecin : Bonjour Monsieur… Charles ! N'est-ce pas ?

M Charles : Oui, c'est exact ! Bonjour docteur !

Le médecin : C'est votre première visite ?

M Charles : Oui docteur.

Le médecin : En quoi puis-je vous aider ? Vous souffrez de quoi ?

M Charles : Ah docteur, j'ai mal partout (tout mon corps me fait mal) ! Depuis un certain temps, ce n'est vraiment pas la grande forme ! Mes lombaires, l'articulation de mes genoux et de mes chevilles m'empêchent de faire ce que j'ai à faire ! Quant au dos je ne vous dis pas !

Le médecin : Il y a longtemps que vous souffrez de la sorte ?

M Charles : Pas mal de temps. Pour tout vous dire, depuis que je suis tombé du haut (du sommet) d'une échelle !

Le médecin : Et qu'avez-vous fait ou pris pour cela ?

M Charles : Je me suis fait masser et j'ai pris quelques bains de feuillage et de gros sel ou des bains de mer.

Le médecin : Bien, d'autres soucis ?

M Charles : Rien d'autre docteur, c'est suffisant pour aujourd'hui, je pense !

Le médecin : Bien, êtes-vous diabétique ?

M Charles : Je l'ignore !

Le médecin : Vous n'êtes pas hypertendu, vous n'avez pas de cholestérol ?

M Charles : Je ne sais pas docteur !

Le médecin : Bien, déshabillez-vous et montez sur la balance… quatre-vingt-deux kilos !

Asseyez-vous là, ouvrez la bouche, sortez votre langue et faites aaaaah !

Toussez ! Respirez fortement !

Bien, maintenant allongez-vous ! Avez-vous mal là, et là ?

M Charles : Non docteur.

Le médecin : Bien, rhabillez-vous (remettez votre linge sur vous) !

M Charles : Alors docteur, qu'en dites-vous ?

Le médecin : J'ai trouvé que vous faisiez un peu d'hypertension. Faudra surveiller cela ! Pour le reste, je vais demander des radios de vos membres inférieurs du bassin aux chevilles ainsi qu'une analyse de votre sang pour le diabète, le cholestérol et autre pendant qu'on y est. Dans la foulée, je vous donne un petit comprimé à prendre tous les matins pour baisser votre hypertension et un peu de paracétamol au cas où la douleur se manifeste (se lève derrière vous). Autrement, tout va bien ; le moteur bat comme celui d'un adolescent ! Nous nous revoyons dès que vous recevez les résultats.

M Charles : Merci docteur.

AKA DÒKTÈ-LA

Dòktè-la : Bonjou Misyéé… Chal ! Sé sa ?

M Chal : Wi, sé sa menm ! Bonjou dòktè !

Dòktè-la : Sé prèmyé fwa ou ka vin ?

M Chal : Wi dòktè.

Dòktè-la : Ka an pé fè ba-w ? Ka i ka fè-w mal ?

M Chal : A dòktè, tout kò an ka f'an mal ! Dèpi kèk tan sa pa k'ay fò menm ! Ren an-mwen, jwenti a jounou an-mwen é a chivi an-mwen ka opozé-mwen fè zafè an-mwen ! Kant a do-la sé pa palé !

Dòktè-la : Ka fè lontan ou ka soufè konsa ?

M Chal : Ka fè bon tibwen tan. Pou di-w tout, sé dèpi an té foukan atè dèpi anwò antèt on léchèl !

Dòktè-la : É ka ou fè ouben pran pou sa ?

M Chal : An fè-yo fwoté kò an-mwen é an pwan détwa ben féyaj é gwo sèl adan oben détwa ben lanmè.

Dòktè-la : Byen, ka ou ni dòt ka anmègdé-w ?

M Chal : Ayen dòt dòktè, pou jòdi-la ni asé konsa an ka kwè !

Dòktè-la : Byen, ès ou ka fè sik ?

M Chal : An pa konnèt !

Dòktè-la : Ou pa'a fè tansyon, ou pa ni grès an san a-w ?

M Chal : An pa sav dòktè !

Dòktè-la : Byen, dézabiyé-w é monté asi balans-la… katrèvendé kilo !
Sizé-w la, wouvè bouch a-w, woté lang a-w dèwò é fè aaaaaa !
Tousé ! Rèspiré fò !
Byen, alè lonji kò a-w la konsa ! Sa ka fè-w mal la konsa, é la ?

M Chal : Non dòktè.

Dòktè-la: Byen, woumèt lenj a-w anlè-w !

M Chal : Alò dòktè, ka ou ka di ?

Dòktè-la : An touvé ou ka fè tibwen tansyon. Fo nou véyé sa ! Pou larèstan, an kay mandé-yo fè radyo a tout anba a-w, dèpi hanch a-w jik an chivi a-w épi osi on analiz a san a-w pou miziré sik a-w, grès a-w é dòt biten ankò pannan nou la. An menm balan-la, an ka ba-w on ti kaché pou ou pran toulématen pou bésé tansyon a-w épi tibwen parasétamòl pou si anka doulè-la lévé dèyè-w. Sansa, tout biten a-w annòd ; motè-la ka touné won kon ta on jenngason ! Nou ka rivwè lè ou risivwè sé rézilta-la risivwè ou risivwè-yo.

M Chal : Mèsi dòktè.

COMPRENDRE LE DIALOGUE
EXPRESSIONS

- **Aka/akaz a**, *chez* (litt. *à la case de*) ; **Aka machann-la**, *chez la marchande*. **Akaz** (sans rien d'autre, sous-entendu **an-mwen**), *chez moi*. **Akaz a-w**, *chez toi* ; **Akaz an-nou**, *chez nous* ; *akaz a-yo*, *chez eux/elles*.
- **Fè (on biten) ba (on moun)** peut vouloir dire *faire (quelque chose) pour rendre service à quelqu'un* ou *faire quelque chose à la place de quelqu'un*. **Fè sa ba-mwen**, *rends-moi service* ; **Ka an pé fè ba-w ?** *Que puis-je faire pour vous rendre service ?*
- **Fè mal**, *faire mal*. Cette expression est également utilisée pour dire *douloureux* : **Sa ka fè mal toubòlman !** *C'est très douloureux !*
- **Ren**, *rein*. Ce terme ne désigne pas l'organe, mais *le bassin*. Ainsi, **Ren an-mwen ka f'an mal**, *Mes reins me font mal* comprenez *J'ai mal au niveau du bassin ou au niveau des lombaires*. De même, dans **rimé ren a-w**, *remue tes reins*, lors d'une danse notamment, vous comprenez bien que c'est du bassin qu'il s'agit !
- **Pou di-w tout**, *pour tout vous dire*.
- **Foukan atè**, *tomber* (litt. *foutre le camp par terre*). On aurait pu également dire **fouté kò an-mwen atè** (litt. *foutre mon corps par terre*). Foutre en créole n'a pas la valeur péjorative qu'on lui donne en français. **Fout ou bèl !** *Que tu es belle !*
- **Anmègdé** est souvent utilisé sous cette forme comme pour tenter d'édulcorer la crudité du terme **anmèwdé**, *emmerder*.
- **Ben-féyaj**, *bain de feuilles de plantes aromatiques et médicinales*.
- **Ben-lanmè**, *bain de mer*.
- **Fè tansyon**, *avoir de l'hypertension/être hypertendu* (litt. *faire de la tension*). Dans un autre contexte que celui de la santé, cette formule reprend son sens d'alerte et de mise en garde.
- **Fè sik**, *avoir du diabète* (litt. *faire du sucre, avoir un taux de sucre élevé dans le sang*), mais **fè-sik** peut aussi avoir le sens de *faire le cirque*, c'est-à-dire *jouer la comédie*.
- **Ni grès an san**, *avoir un taux de cholestérol élevé* (litt. *avoir des corps gras dans le sang*).
- **Wouvè/ouvè**, *ouvrir*. En créole, on ne fait pas la différence entre *ouvrir* et *rouvrir*.
- **Adan menm balan-la**, *sur la lancée*.
- **Pou si anka**, *dans l'hypothèse où*.
- **Tout biten a-w annòd**, *tout va bien*.

NOTE CULTURELLE

Si de nos jours les cabinets médicaux, même ceux de médecins spécialistes, les pharmacies, les salles de kinésithérapeutes, bref tout l'attirail de la médecine moderne, courent les rues, il n'en a pas toujours été ainsi. Pendant longtemps et encore aujourd'hui, beaucoup de Guadeloupéens ont recours à la médecine traditionnelle. Certains remèdes de grand-mères ont toujours cours comme les **rimèd-razyé** (*remèdes des halliers*), plantes médicinales (comme **gyéritout** et **atoumo**), les bains de feuillage, les bains de mer ou ceux des embouchures de rivières (bains démarrés). Les guérisseur(euse)s et autres frotteur(euse)s, magnétiseur(euse)s, ont toujours leur clientèle pour **lévé on blès** (*traumatisme interne*) ou diminuer les **doulè** (*douleurs rhumatismales ou arthritiques*). Ces **doktè fèy** (*docteurs feuilles*) font parfois une vraie concurrence aux ostéopathes, étiopathes et autres.

GRAMMAIRE
DUPLICATION DE LA FORME VERBALE

Risivwè ou **risivwè-yo**, *sitôt les résultats reçus*. Cette tournure de répétition de la forme verbale séparée par un nom ou un pronom personnel reflète la promptitude de l'action, et se traduit par la tournure *aussitôt que, dès que* :
Rivé zòt rivé zòt ja ka gadé télé. *À peine arrivés, vous vous mettez à regarder la télé.* **Risivwè ou risivwè sé rézilta-la**. *Dès que vous recevez les résultats/Aussitôt les résultats reçus.*

Nous avions déjà rencontré cette tournure page 83 avec duplication de la forme verbale : **Paré loto a-w paré nou ké kriyé-w pou fè-w sav.** *Aussitôt que votre voiture sera prête, nous vous appellerons pour vous le faire savoir.*

Comparez avec la tournure, page 83 le dialogue de la leçon 8 :
Woupéntiré an vlé woupentiré tout loto-la. *C'est repeindre que je veux, repeindre, toute la voiture (*litt. *je ne veux que repeindre la voiture).*
Les deux formes du verbe dupliqué sont séparées par une modalité aspectuelle ou un verbe modal **vlé**, **pé**, **sav**…
Palé Jak ka palé. *Jacques ne fait que parler. (*litt. *C'est parler que Jacques parle).*
Alors que : **Palé Jak palé i ay fè chimen a-y**. *Aussitôt que Jacques eut parlé, il s'en est allé.*

L'ÉLISION

A! Dòktè! Tout kò an'an ka f'an mal! *Ah, docteur, j'ai mal partout!*
Il faut comprendre : **A! Dòktè tout kò an-mwen ka fè-mwen mal.**
À l'oral, le langage parlé a souvent tendance à remplacer **an-mwen** par **an'an**, qui s'élide en **'an** ; **tan-mwen** par **tan'an** élidé en **t'an**.

B'an palé ba-w tibwen! pour **Ban-mwen palé ba-w!** *Attends que je te parle un peu.*
B'an t'an san dou! pour **Ban-mwen tan-mwen san dou!** *Donnez-moi le mien sans sucre!*
F'an plézi! Pour **Fè-mwen plézi!** *Fais-moi plaisir!*

LE PRONOM IMPERSONNEL

Ka fè lontan ou ka soufè? *Cela fait longtemps que vous souffrez?*
Il/Cela ne sont pas traduits en créole ou, plus exactement, ils existent sous l'aspect d'un morphème vide. La forme négative se fait avec **pa** en tête de phrase.
Pa ka fè lontan an ka soufè. *Cela ne fait pas longtemps que je souffre.*
Ja ni syèktan an pa vwè Etyèn. *Cela fait un bail que je n'ai pas vu Étienne.*
Ka fè bon enpé tan an pa ni nouvèl a-y. *Cela fait un certain temps que je n'ai pas eu de ses nouvelles.*
Ka toujou ni moun lè ni bwè é manjé. *Il y a toujours du monde quand il y a à boire et à manger.*

VOCABULAIRE

dòktè *docteur, médecin*
san *sang*
ren *rein, bassin*
jwenti *articulation* (litt. *jointure*)
jounou/jinou *genou*
chivi *cheville*
do *dos*
bouch *bouche*
lang *langue*
hanch *hanche*
ben *bain*
gwo *gros*
tansyon *tension artérielle*
grès *gras, graisse*
balans *balance*
analiz *analyse*
kaché *comprimé, cachet*
rézilta *résultat*
doulè *douleur*
féyaj *feuillage*
opozé *empêcher*
soufè *souffrir*
foukan *partir*
fwoté *frotter, masser*
anmègdé *embêter, ennuyer*
dézabiyé *déshabiller*
woté *enlever, retirer*
wouvè/ouvè *ouvrir*
rèspiré *respirer*
lonji *allonger*
woumèt *remettre*
véyé *veiller, surveiller*
miziré *évaluer, estimer* (litt. *mesurer*)
rivwè/wouvwè *revoir*
risivwè/wousouvwè *recevoir*
bésé *baisser*
sansa *sinon*
anwò *au-dessus, en haut*
antèt *sommet* (litt. *en tête*)
léchèl *échelle*

POUR ALLER PLUS LOIN
Différents maux
maldan/malodan *rage de dents*
malgòj *angine*
malvant/malovant *douleur gastrique*
malvant-a-règ *douleurs menstruelles*
malkaka *diarrhée*
malkadik *épilepsie*
malkè/malkyè *douleurs cardiaques*
malmachwa *tétanos*
malmakak *gueule de bois*
malmouton *oreillons*
malzòrèy *otite*
maltèt *mal de tête, migraine*
malzyé/malozyé *conjonctivite*

● EXERCICES

1. COMPLÉTEZ LES PHRASES SUIVANTES AVEC :
soufè, véyé, si anka, sansa, dèpi.

a. Dòktè-la ba-y on kaché pou .... doulè-la lévé dèyè-y.

b. Ren a-y ka fè-y mal .... i té foukan atè si do.

c. Yo di-y konsa fo i .... Tansyon a-y.

d. Dèpi konmen tan ou ka .... konsa épi chivi a-w ?

e. .... ou pa ka vwè ayen dòt ka anmègdé-w ?

2. TRADUISEZ EN CRÉOLE LES PHRASES SUIVANTES.

a. Bonjour, que puis-je pour vous ?
....

b. Dites-moi où vous avez mal.
....

c. Depuis quelques jours, j'ai mal partout et pas qu'au genou.
....

d. Enlevez vos vêtements et allongez-vous là !
....

e. Vous prendrez un comprimé en cas de douleur.
....

23.
LES DÉMARCHES ADMINISTRATIVES
BITEN LÀNMINISTRASYON

OBJECTIFS	NOTIONS

- RENOUVELER UN PASSEPORT
- ÉNONCER LES PIÈCES À FOURNIR

- DEUX QUESTIONS EN UNE
- MODALITÉ D'INTENTION ET MODALITÉ D'OBLIGATION
- LE NUMÉRAL YONN ET L'ARTICLE INDÉFINI ON
- LA PLACE DE TOUJOU

DOCUMENTS ADMINISTRATIFS

Christian : Salut Marie, quoi de neuf, comment vas-tu ?

Marie : Salut Christian ! Ah aujourd'hui j'ai beaucoup à faire, je ne m'en sors pas !

Christian : Que t'arrive-t-il ?

Marie : Depuis ce matin, je ne cesse d'aller et venir dans différents services administratifs !

Christian : Qu'as-tu à faire de si important ?

Marie : Tout d'abord, je dois aller refaire mon passeport vu que je dois aller à Miami en fin d'année. Ce qui signifie faire des photos d'identité, des photocopies du vieux passeport et des justificatifs de domicile et trouver où acheter un timbre fiscal de quatre-vingt-six euros !

Christian : À Miami ! Eh bien dis donc, c'est le grand luxe ! Pour ce qui est du timbre fiscal, je sais où tu pourras en trouver.

Marie : Ah ouais ! Merci Seigneur ! Ensuite, je dois passer à la banque récupérer un RIB vu que j'ai utilisé le dernier qui me restait et la caisse m'en demande un pour boucler mon dossier ! Au fait, il faudra que je pense à faire des photocopies des justificatifs pour eux aussi.

Christian : Oublie cela ! Tu comptes aller à la caisse à cette heure-ci ? Tu as raté ton coup je crois ! Vu la foule que j'ai vue devant en venant il y a peu, c'est un scandale.

Marie : C'est bien que tu me dises cela, ainsi j'irai de préférence au bureau de poste envoyer un mandat et un colis pour mon enfant qui est dans le frigo. J'irai à la caisse demain.

Christian : Allons donc, que je te montre où acheter le timbre. Tant qu'on y est, tu connais ta taille ?

Marie : Pourquoi me demandes-tu cela ?

Christian : Parce qu'ils risquent de te demander cela pour le passeport.

Marie : Tu as raison ! Je fais toujours la même taille depuis la dernière fois que je me suis mesurée ; un mètre soixante-huit ! À mon âge, on ne grandit plus, tu sais !

PAPYÉ LÀNMINISTRASYON

Kristyan : Ka ou fè Mari, ban-mwen nouvèl, kijan a-w ?

Mari : Ka'w fè kristyan ! A jòd-la mwen an mannèv, difé si mwen !

Kristyan : Ka i ka rivé-w ?

Mari : Dèpi bonmaten-la sé onsèl monté é désann adan sé biwo a Lànministrasyon a-yo-la i pa ka fin !

Kristyan : Ka ou ni ou ka fè konsa ?

Mari : Pou konmansé fo mwen ay fè-yo woufè paspò an-mwen padavwa an pou ay Miyami an fen a lanné-la. Kivédi, fè foto idantité, fotokopi a vyé paspò-la é a jistifikatif a la an ka rété la é kouri ay chèché otila an kay jwenn on tenm fiskal a katrèvensis éwo !

Kristyan : Miyami ! Woy pépé, gran diri ! Pou tenm fiscal-la, pa pè, an sav ki koté ou ké pé jwenn sa.

Mari : A wè ? Mèsi Bondyé ! Aprésa, fo an ay Labank fè-yo ban-mwen on RIB davwa an sèvi é dènyé-la. Lakès ka mandé-mwen yonn pou yo bout é dosyé an-mwen. Dayè, fo an sonjé fè fotokopi a sé jistifikatif-la ba-yo osi.

Kristyan : Tiré sa an tèt a-w ! A lè la sa ou vlé ay Lakès ? Ou pèd fil a-w an ka kwè ! Pou krèy moun-la an vwè douvan-y la lè an désann toutalè-la, sé on dézagréman.

Mari : Sa bon ou ka di-mwen sa, konsa an plito ké ay Lapòs pou an voyé on manda é on ti paké ba pitit an-mwen i an frijidè-la. An ké ay Lakès dèmen sipètadyé.

Kristyan : Ében, annou pou an montré-w ola pou ou achté tenm-la. Pannan nou la, ou konnèt hotè a-w ?

Mari : Pouki ou ka mand'an sa ?

Kristyan : Padavwa yo pé rivé a mandé-w sa pou paspò-la !

Mari : Sé vré a-w ! An toujou ka fè menm hotè-la dèpi dènyé fwa yo miziré-mwen ; on mèt soisanntuit ! A laj an-mwen moun pa ka grandi ankò ou sav !

COMPRENDRE LE DIALOGUE
EXPRESSIONS

Nous avons souvent deux tournures équivalentes, il s'agit soit de locuteurs qui parlent plus vite et ont tendance à contracter plus certaines expressions, soit de locuteurs plus âgés, ou de personnes de la campagne par rapport à d'autres de la ville. Ces expressions sont de toute façon intercompréhensibles.

→ **Ban-mwen nouvèl/Ban'an nouvèl.** Cette expression employée seule invite à donner des nouvelles au sens large et peut se résumer par *Raconte!* **Ban-an nouvèl! ka'y pasé?** *Raconte! Qu'est-il arrivé?*

→ **On monté é désann i pa ka bout/i pa ka fini.** *Un va-et-vient incessant/interminable.* **Monté é désann**, *monter et descendre (la rue, les étages)* pourrait être remplacé par **alévini**, *aller et venir*.

→ **Difé si mwen**, *je suis stressé(e), sous pression* (litt. *le feu sur moi*).

→ **Pou konmansé/Dabò pou yonn**, *tout d'abord, premièrement* (litt. *pour commencer/d'abord pour un*).

→ **Jòd-la/Jòdi-la**, *aujourd'hui*.

→ **Kivédi**, *ce qui signifie, ce qui implique que* (litt. *qui veut dire.*)

→ **La/Ola ou ka rété**, *là où tu résides.*

→ **Dayè/Dayè pou yonn**, *d'ailleurs.*

→ **Tiré/Woté sa an tèt a-w**, *enlève-toi ça de la tête.*

→ **Ou pèd fil a-w/Ou pa adan sa**, *tu n'y es pas, tu as raté ton coup* (litt. *tu as perdu ton fil*).

→ **On dézagréman**, *toute une histoire.*

→ **Sidyévé/Sitadyé**, *si Dieu veut, s'il plaît à Dieu.*

→ **An frijidè-la**, *dans le frigo.* Comme **lòtbò**, c'est une des différentes expressions pour désigner l'hexagone.

→ **Pannan nou la/Atoupannan nou la**, *pendant qu'on y est, tant qu'on y est.*

→ **Toutalè-la/Talè-la**, *il y a un instant* (litt. *tout à l'heure là*).

NOTE CULTURELLE

La ville de Basse-Terre, où se trouve la préfecture, centralise les administrations des services de l'État. Aussi, dans l'archipel guadeloupéen, les administrés ont de réels problèmes pour faire leurs démarches administratives. Désormais accessibles en ligne, cela devrait simplifier les choses.

▶ GRAMMAIRE
DEUX QUESTIONS EN UNE

Ka ou ni ou ka fè konsa ? Il faut comprendre **ka ou ni ?** *Qu'as-tu ?* + **ka ou ka fè konsa ?** *Qu'est-ce que tu fais qui t'occupe à ce point ?*
Ola ou k'ay ou ka kouri konsa ? *Où vas-tu si pressé ?*
Kijan fè ou razè konsa ? *Comment se fait-il que tu sois fauché à ce point ?*

MODALITÉ D'INTENTION ET MODALITÉ D'OBLIGATION

Fo mwen ay. *Il faut que j'aille.* = une obligation.
An pou ay. *Je compte aller.* = une intention.

Certains locuteurs utilisent la construction **ni + pou** à la place de **fo : An ni pou mwen ay.** *Il faut que j'aille.*
FO mwen ay Lapwent. *IL me FAUT aller à Pointe-à-Pitre.*
Attention, à la forme négative on dira :
FO PA mwen ay Lapwent. *IL NE FAUT PAS que j'aille à Pointe-à-Pitre.*
Pa se place <u>après</u> **fo**.

L'obligation pourra aussi se construire avec le verbe modal **dwèt** :
An dwèt ay Lapwent. *Je dois aller à Pointe-à-Pitre.*
Mais la négation dans ce cas se dira :
An pa dwèt ay Lapwent. *Je ne dois pas aller à Pointe-à-Pitre.*
Pa se place <u>avant</u> **dwèt**.

LE NUMÉRAL YONN ET L'ARTICLE INDÉFINI ON

Fo an pasé Labank fè-yo ban-mwen <u>on</u> rib. *Il me faut passer à la banque afin qu'on me donne un RIB.*
Lakès ka mandé-mwen <u>yonn</u>. *La caisse m'en demande un.*

Zot ka sòti yonn pa yonn. *Vous sortez les uns après les autres. (*litt. *un par un)*
Dabò pou yonn ! *D'abord et d'un ! (Primo !)*

LA PLACE DE TOUJOU

Quand il est placé avant le groupe verbal, **toujou** a le sens de *toujours*.

An toujou ka fè menm wotè-la! *J'ai toujours la même taille.*
An ka fè menm wotè-la toujou. *J'ai encore la même taille.* (regret)
Toujou placé après le groupe verbal prend le sens de *encore* :
Jak ka palé toujou. *Jacques est encore en train de parler.*
Jak toujou ka palé. *Jacques est un bavard impénitent.*
Ou toujou la! (agacement de voir qu'il n'est pas encore parti)
Ou la toujou! (étonnement de voir qu'il est encore présent)

● EXERCICES

1. COMPLÉTEZ LES PHRASES SUIVANTES AVEC :
fo-mwen, yonn, konsa, toujou, ni pou.

a. Ka ou ni ou ka fè .... ?

b. Dabò pou yonn .... alé fè-yo woufè papyé an-mwen.

c. Yo .... ka di-w yo pa ni tan wousouvwè-w.

d. Konsa yé la la, an ké .... viré désann dèmen!

e. Lakyès mandé-mwen .... osi pou bout épi dosyé an-mwen.

2. ÉCOUTEZ ET TRANSCRIVEZ LES PHRASES ENREGISTRÉES, PUIS INDIQUEZ À QUELLE TRADUCTION FRANÇAISE ELLES CORRESPONDENT

a. .... 1. Depuis ce matin, c'est un va-et-vient sans fin!

b. .... 2. Non, aujourd'hui je suis sur la brèche! Pas le temps de causer!

c. .... 3. Je dois aller au bureau de Poste expédier un colis à mon gosse.

d. .... 4. Ils m'ont demandé d'apporter un justificatif de domicile.

e. .... 5. Où pourrai-je trouver un timbre fiscal par ici?

● VOCABULAIRE

papyé *document, papier*
lànministrasyon *l'administration*
biwo *bureau*
woufè *refaire*
jwenn *trouver, rencontrer*
bout *terminer, finir, boucler*
krèy *plein de, beaucoup de*
hotè *taille, hauteur*
tenm *timbre*
dézagréman *problèmes, histoires, difficultés*

24. SITES ET MONUMENTS
BITEN É KOTÉ POU VWÈ

OBJECTIFS

- PARLER DES ATTRAITS TOURISTIQUES DE L'ÎLE

NOTIONS

- LA CONSTRUCTION IDIOMATIQUE
- LA TRANSFORMATION D'UN VERBE EN NOM
- LA CONTRACTION

QU'Y A-T-IL À VOIR EN GUADELOUPE

François : Thérèse ! J'aimerais que tu me donnes quelques idées d'endroits où je peux mener quelques Français qui veulent découvrir le pays !

Thérèse : Cela dépend de ce qu'ils aiment ! Si se sont des intellos, tu pourras leur faire faire le tour des musés tel que Mémorial Act, Saint-John Perse, Edgard Clerc…

François : Bonne idée ça ! Et vu que tout cela est en Grande-Terre, je pourrai les amener prendre un bain sur les plages de sable blanc et aux eaux turquoise comme ils disent.

Thérèse : Si tu passes par les chemins de traverse qui sillonnent la canne, tu pourras les amener rapidement voir le trou de Madame Coco à la Porte D'enfer et la Grande Vigie.

Fanswa : Alors que tu parles, tu me fais réaliser qu'on sera en plein cœur du pays de la canne ! Si on en a le temps, je leur ferai faire un tour en train.

Thérèse : Maintenant, si ce sont des sportifs, autrement dit des gens qui n'ont pas peur de marcher et qui aiment la nature, tu peux les embarquer en pleine nature à Basse-Terre ! Il y a plein de sauts, de cascades et de chutes à voir.

Christian : Ouais, tu dis qu'après la chaleur de la plage, c'est à la rivière qu'il faut les amener se rafraîchir un peu !

Thérèse : Mais bien sûr ! Fais-leur faire quelques randonnées, prendre un bain de rivière, boire une bonne eau de coco ! Ils te remercieront, tu verras !

François : Parler rando signifie que l'autre côté de l'île est proche et là, c'est la plongée avec tuba ou bouteille, la nage avec les dauphins, la pêche au large…

Thérèse : Écoute-moi, il y a un instant, je t'ai parlé des musées pour leurs cerveaux, mais vers la Basse-Terre, il y a de quoi satisfaire leur ventre et leur gosier avec du cacao, du café, de la banane, etc. vu qu'on a ouvert des musées pour tout cela.

Fanswa : Bon et bien, je vois que tu connais ton pays et qu'il y a de quoi occuper leur séjour. Maintenant, tout ce qui a été dit était fort intéressant, mais le plus important, c'est de s'en souvenir après. C'est pourquoi je vais noter tout cela dès que j'arrive chez moi. Cela m'aidera à concevoir un programme pour eux.

KA I NI A VWÈ GWADA

Fanswa : Térèz ! An té ké enmé ou ban-mwen détwa lidé a koté an pé menné détwa moun Fwans i anvi konnèt péyi-la !

Térèz : Sé silon sa yo enmé ! Si sé moun a sèvèl, ou ké pé fè-yo fè lantoun a sé mizé-la pa tèl kon Mémoryal Akt, Sen-Djòn Pèrs, Èdga Klèw…

Fanswa : Bon lidé sa ! Komdifèt tousa an Granntè, an ké pé pwofité menné-yo bengné si sé plaj sab blan-la é bèl dlo Tirkwaz a-yo-la kon yo ka di.

Térèz : Si ou ka dékoupé pa sé chimen chyen-la ka travèsé sé kann-la, ou ké pé mené-yo vitman présé vwè tou a man koko Pòt Danfè épi Grann viji !

Fanswa : Kon ou ka palé la la, ou ka f'an sonjé, nou ké an kyè a péyi a kann-la menm ! Si nou ni tan an ké fè-yo fè on won abò tren-la.

Térèz : Aprézan, si sé moun i fizik, kivédi moun i pa pè maché é enmé lanati, ou pé chayé-yo an zayann-la Bastè ! Ni plen so, kaskad é chit pou vwè.

Fanswa : Wè, ou ka di apré chalè a bòdlanmè-la sé mené-yo bòdrivyè pran tibwen fréchè !

Térèz : Mé wi a a ! Méné-yo fè yonn dé tras, pran on bon ben rivyè, bwè on bon dlo koko ! Yo ké di-w mèsi ou ké vwè !

Fanswa : Ki di tras vlé di nou pa lwen lòt koté a lilèt-la é la, sé plonjé anba dlo épi tiba ouben boutèy, najé épi dophen, lapéch olwen…

Térèz : Ban-an di-w sa, talè-la an palé-w mizé pou lèspri a-yo mé si pa anba, ni dèkwa pou kontanté vant a-yo é gozyé a-yo épi kako, kafé, bannann é konsò davwa yo ouvè mizé pou tout sé biten-lasa.

Fanswa : Bon ében, an ka vwè ou konnèt péyi a-w é ni dèkwa okipé séjou a-yo. Alè la tousa ki di té byen bèl mé sé sonjé-la apré ki tout. Sé pou sa, ansanman an rivé akaz an kay maké tou sa. Sa ké rédé-mwen pou an mèt on pwogram si pyé ba-yo.

COMPRENDRE LE DIALOGUE
EXPRESSIONS

→ **Ka i ni pou vwè?/Ka i ni a vwè?** *Qu'y a-t-il à voir?* Les deux tournures sont utilisées.

→ **Lidé a koté-la an pé menné-yo la/Lidé a kikoté an pé menné-yo.** *Suggérer où les conduire.*

→ **Ansanm an rivé.** *Aussitôt que j'arrive, Dès que j'arrive* pourrait aussi se dire **Rivé an rivé.**

→ **Mèt on pwogràm si pyé.** *Concevoir un programme, programmer une sortie* (litt. *Mettre un programme sur pied*).

→ **Silon sa yo enmé.** *Selon ce qu'ils aiment, en fonction de leur préférence.*

→ **Fè lantoun a**, *faire le tour de.*

→ **Fè on won**, *faire un tour, faire une promenade* (litt. *faire un rond*).

→ **Chimen-chyen**, *chemin de traverse* (litt. *chemin chien*).

→ **Tras**, *sentier forestier;* **fè on tras**, *faire une randonnée.*

→ **Si pa anho/p'asi anho**, *vers le Nord, dans le Nord* (litt. *sur par en haut/par sur en haut*).

→ **Si pa anba/p'asi anba**, *vers le Sud, dans le Sud* (litt. *sur par en bas/par sur en bas*).

→ **Kòt soulvan**, *côte sous-le-vent* partie occidentale de la Basse-Terre. **Soulvan** peut aussi signifier *à l'Ouest* et **Ovan** *à l'Est.*

→ **Di mèsi**, *remercier* (litt. *dire merci*).

→ **Moun fizik**, *personne vigoureuse, sportive* (litt. *personne physique*).

→ **Ban an di-w sa!/B'an di-w!** *Écoute* (litt. *laisse-moi te dire*).

→ **Péyi a kann-la** désigne les vastes étendues du Nord de l'île plantées de canne à sucre.

→ **Tren-la**, *le train* est la petite locomotive tractant des wagons qui acheminaient autrefois sur voie ferrée la canne à sucre des champs jusqu'à l'usine. Aujourd'hui, l'ensemble est utilisé pour faire visiter les champs de cannes aux touristes.

→ **Kontanté vant a-yo**, *satisfaire leur appétit* (litt. *contenter leur ventre*).

→ **Mé wi a a!** Cette exclamation exprime la surprise, l'étonnement de n'avoir pas pensé à quelque chose d'évident : *Ah! Mais au fait, c'est vrai!*

NOTE CULTURELLE

L'archipel guadeloupéen est une destination touristique des plus prisées, plus particulièrement pour la diversité de ses paysages. En effet sur un espace relativement restreint, on trouve à la fois la forêt tropicale humide en zone montagneuse volcanique avec de nombreuses rivières chutes et cascades de la Basse-Terre, mais également des hautes falaises de calcaire de la Grande-Terre, ce qui permet d'avoir un littoral où alternent plages de sable blanc et de sable noir. Les randonnées sont balisées. Nulle part ailleurs dans la Caraïbe on ne rencontre cette proximité des formations insulaires volcaniques et sédimentaires. Enfin, les autres îles de l'archipel, à moins d'une heure en bateau du centre – Marie-Galante, Les Saintes, la Désirade – sont autant de visages du kaléidoscope guadeloupéen. Quant aux Musées et monuments, ils sont les traces d'un passé encore très proche. La population est des plus accueillantes, elle l'était déjà au XVIIe siècle puisque le moine aventurier, le Père Labat, qui a le plus écrit sur cette partie du monde parlait déjà « des bonnes gens de la Guadeloupe ».

▶ GRAMMAIRE
LA CONSTRUCTION IDIOMATIQUE

Fè-mwen sonjé/F'an sonjé, *Rappelle-moi* (litt. *fais-moi penser*).
Ban-mwen di-w/b'an di-w, *Laisse-moi te dire*.

LA TRANSFORMATION D'UN VERBE EN NOM

Tout verbe peut être utilisé comme un nom, il suffit de lui post-poser un déterminant :
An ka sonjé-w, *Je pense à toi*.
Sé sonjé-la (k) i tout, *C'est d'y penser qui compte (*litt. *le tout c'est d'y penser)*.

LA CONTRACTION

Nous l'avons évoqué à diverses reprises, le langage parlé est plein de contractions. Apprenez à les découvrir dans les conversations et à les utiliser :
T'alè-la pour **tout a lè la**, *Il n'y pas longtemps*.
B'an di-w pour **ban-mwen di-vou**, *Écoute*.
F'an sonjé pour **fè-mwen sonjé**, *Rappelle-moi* (litt. *fais-moi penser*).
Di-y sa b'an mwen pour **di-li sa ban-mwen**, *Dis-lui cela de ma part*.

⬢ EXERCICES

🔊 1. ÉCOUTEZ POUR COMPLÉTER LES PHRASES SUIVANTES AVEC :
26 ansanm, kòmdifèt, dèkwa, tèlkon, ban-an.

a. Pa ni ayen ………………………………………maché anba bwa pou chanjé lidé a-w.

b. Asi pa anba, ni ……………………………………………………………… kontanté vant a-yo.

c. Kouté, ……………………………………… di-w sa tibwen pa ni ayen plibèl ki Gwada !

d. Sé vré a-w, ……………………… tousa sé si Granntè sa yé nou ké pé ay plaj Sentann.

e. ……………………………………………an rivé bòdlanmè sé bengné an k'ay bengné !

2. TRADUISEZ EN CRÉOLE LES PHRASES SUIVANTES :

a. Les touristes ne viennent pas en Guadeloupe que pour la plage et le soleil.
……

b. En côte sous-le-vent, il y a de quoi satisfaire leurs yeux et leur ventre.
……

c. Les non sportifs n'aiment guère marcher en forêt et faire des randonnées.
……

d. En Grande-Terre, (c'est là qu') il y a toutes les belles plages de sable blanc.
……

e. Vers Basse-Terre, on (y) trouve surtout des sauts d'eau et des cascades.
……

VOCABULAIRE

Gwada *Guadeloupe*
kòmdifèt/konmdifèt *en effet, effectivement*
tèl kon/kontèl *ainsi, comme*
so/sodo *saut d'eau, chute, cascade*
bò-rivyè/bò-d-rivyè *à la rivière, (litt. bord de rivière)*
an fréchè-la *au frais, dans la fraîcheur*
tras *sentier forestier*
dofen *dauphin*
tòti *tortue*
olwen *au large*
dèkwa *encas, de quoi s'alimenter (litt. de quoi)*
kako *cacao*
vanni *vanille*
konsò/é tout larès *consorts/tout ce qui va avec, etc.*

POUR ALLER PLUS LOIN

Gwada diminutif de **Gwadloup** est désormais le terme en vogue pour désigner la *Guadeloupe*. Pubs, chansons, clips vidéo, sports, il est désormais partout et est devenu incontournable depuis l'épopée des **Gwada Bòyz** *La sélection guadeloupéenne de foot* arrivée en demi-finale de la Golden Cup (tournoi international de football des pays d'Amérique du Nord et des pays la Caraïbe).

IV

LES

LOISIRS

25.
PENSER À RÉSERVER

SONJÉ KENBÉ ON PLAS

OBJECTIFS

- RÉSERVER UNE CHAMBRE DANS UN GÎTE OU À L'HÔTEL
- FAIRE UNE RÉSERVATION EN LIGNE

NOTIONS

- FORME IMPERSONNELLE KA FÈ
- LA TOURNURE AN KÉ… AN KÉ…
- ALÒ/ALÒS

PARTIR EN VILLÉGIATURE

Thérèse : Ah Marie-Galante ! Cela fait longtemps que j'ai envie d'aller découvrir Marie-Galante !

François : Comment ? Comment est-ce possible qu'un adulte comme toi ne connaisse pas Marie-Galante ?

Thérèse : Que veux-tu ? C'est ainsi ! À chaque vacance, je me dis j'irai, j'irai… les années passent et jamais ce rêve n'a pu voir le jour !

François : … attends un peu ! Où est ton ordinateur ?

Thérèse : C'est quoi ton idée ?

François : Je vais voir si nous pouvons avoir une chambre pour le week-end prochain ! Tu préfèrerais quoi, un hôtel ou un gîte ?

Thérèse : Je préfèrerais un gîte en bord de mer !

François : Tiens regarde ! J'en ai trouvé un, sauf qu'il n'est pas en bord de mer, il est sur une petite propriété vers Capesterre. Cependant, le bord de mer n'étant pas loin, nous pourrons y aller à pied.

Thérèse : Ouais, ce petit coin semble calme. Les chambres sont bien équipées… ouais, pourquoi pas !

François : Bien ! Donc je réserve une chambre ? Je leur donne quoi comme jour d'arrivée ? Vendredi ou samedi ?

Thérèse : De préférence vendredi. Samedi cela nous fera lever trop tôt.

François : Ça y est ! J'ai donc réservé une chambre pour vendredi à partir de quinze heures jusqu'à dimanche midi.

Thérèse : Cela a coûté combien ?

François : À cinquante euros la nuitée, petit déjeuner inclus, cela fait cent euros ! Bien, maintenant on doit prévoir un véhicule pour nos déplacements !

Thérèse : Nous n'avons pas besoin de voiture, nous verrons sur place si on trouve un deux roues pour aller et venir. Renseigne-toi de préférence sur les billets de bateau.

François : Les bateaux… donc, il y en a un qui part à douze heures quarante-cinq vendredi et qui revient à seize heures dimanche…

Thérèse : … ne cherche plus, celui-là sera parfait ! Treize heures, le temps d'arriver, nous aurons largement le temps de dénicher un scooter, boire quelque chose avant de nous rendre tranquillement à notre gîte.

François : C'est fait ! Deux billets adultes, aller-retour pour Marie-Galante payés en ligne. Nous partons vendredi.

PATI AN CHANJMANDÈ

Térèz : A Marigalant ! Ka fè lontan mwen anvi ay konnèt Marigalant !

Fanswa : Ka ou ka di-mwen la ? Kijan fè on granmoun kon-w pa konnèt Marigalant ?

Térèz : Ka ou vlé fè ? Sé konsa ! Chak vakans an ka di an ké an ké… lanné ka pasé é an pa janmé rivé fè rèv an-mwen lasa vwè jou !

Fanswa : … atann tibwen ! O òwdinatè a-w ?

Térèz : Ki lidé a-w ?

Fanswa : An kay vwè si nou pé trapé on chanm pou wik-enn-la ka vin la ! Ka ou té'é pisimyé, on lotèl oben on jit ?

Térèz : An té'é pisimyé on jit bòdlanmè !

Fanswa : Mi gadé ! An touvé yonn annisòf i pa bòdlanmè, i si on ti bitasyon p'asi Kapèstè. Kanmenmsa, bòdlanmè-la pa lwen, nou ké pé ay apyé.

Térèz : Wè, ti kwen-lasa ka sanm sa i trankil ; sé chanm-la ka sanm sa yo byen founi… wè pouki pa !

Fanswa : Bon ! An ka fè-yo kenbé on chanm ban-nou alòs ? Ki jou an ka di-yo pou rivé an-nou ? Vandrèdi oben sanmdi ?

Térèz : Pisimyé vandrèdi. Sanmdi sa ké fè-nou lévé two bonnè.

Fanswa : I bon ! Alòs, an ka fè-yo kenbé on chanm ban-nou pou vandrèdi dé twazè-d-laprémidi jik a dimanch midi.

Térèz : Konmen sa fè ?

Fanswa : Senkant éwo pou lannuit-la, èvè didiko, ka fè san éwo ! Bon alè fo nou gadé pou on vwati pou nou déplasé !

Térèz : Nou pa bizwen loto, nou ké gadévwè si plas pou on dé wou pou nou monté é désann. Plito Gadé pou sé pasaj bato-la.

Fanswa : Sé bato-la… alòs, ni yonn ka pati a inè-mwenn-ka vandrèdi é ka viré a katrè-d-laprémidi dimanch…

Térèz : … pa chèché pli lwen, sila ké bon ! Inè-d-laprémidi, tan pou nou rivé, nou ké ni tout tan an-nou pou nou touvé on èskoutè, bwè on biten avan nou ay an jit an-nou atètipo.

Fanswa : I fèt ! Dé pasaj granmoun, alé é viré pou Magalant péyé an lign. Nou ka pati vandrèdi.

COMPRENDRE LE DIALOGUE
EXPRESSIONS

- → **Kon'w**, *telle que toi, comme toi.*
- → **Ka ou vlé fè ? Sé konsa !** *Cette formule exprime une acceptation fataliste de la réalité. Que veux-tu ? Les choses sont ainsi faites !*
- → **Rèv-lasa vwè jou.** *Réaliser ce rêve* (litt. *Ce rêve voit le jour*).
- → **O owdinatè a-w ?/ola ordinatè a-w yé ?** *Où est ton ordinateur ?*
- → **Ki lidé a-w ?** *À quoi penses-tu ?* (litt. *Quelle est ton idée ?*)
- → **Pisimyé**, *préférer* (litt. *plus aimer*).
- → **Té'é = té ké**
- → **Rivé an-nou**, *notre arrivée.*
- → **Bòdlanmè pa lwen**, *le bord de mer (la plage) n'est pas loin.* Cette expression signifie que l'on est au bout de ses peines, que l'on voit le bout du tunnel.
- → **Byen founi**, *bien équipé.*
- → **Pouki pa**, *pourquoi pas.*
- → **Atètipo**, *tranquillement* (litt. *à tête reposée*).

NOTE CULTURELLE

Marie-Galante est l'île par excellence. Plate et ronde comme une assiette, on la surnomme la grande galette. C'est également l'île aux cent et quelques moulin-à-vent dont il ne reste plus que les tours posées sur la moindre éminence. « Une petite île, bien tranquille, loin des bruits et des rumeurs » avec presque partout autour de longues plages de sable blanc pratiquement désertes. Une eau turquoise, calme, transparente. Bref, une île de rêve couverte d'une mer de champs de cannes à sucre où il n'est pas rare de croiser des charrettes tirées par des taureaux tranquilles.

▶ GRAMMAIRE
FORME IMPERSONNELLE KA FÈ CELA FAIT

Ka fè lontan mwen anvi… *Cela fait longtemps que j'ai envie…*
Ka fè-nou san éwo… *Cela nous fait cent euros…*

Cette tournure sans sujet exprimé est de plus en plus souvent aujourd'hui remplacée par **sa ka fè…**

LA TOURNURE AN KÉ… AN KÉ…

Cette façon de s'exprimer avec un verbe sous-entendu, ici **alé/ay, an ké (ay)** mais cela pourrait être tout autre verbe dans le contexte comme **vwè, fè, gadé** etc.

Sur le même modèle, on peut avoir **an té ké… an té ké…** avec un verbe sous-entendu au conditionnel : **an té ké (vwè) an té ké (vwè)**, *je verrais… je verrais…*

ALÒ/ALÒS

Placé en début ou en fin de phrase, **alò/alòs** prend le sens de *donc, par conséquent*.
An ké fè-yo kenbé on chanm pou nou, alòs. *Donc je réserve une chambre pour nous!*
Alòs, an ka fè-yo kenbé on chanm… *Par conséquent, je fais réserver une chambre…*
Sé bato-la, alòs! *Donc, le bateau!*

● EXERCICES

1. COMPLÉTEZ LES PHRASES SUIVANTES AVEC :
annisòf, ka fè, alòs, plito, pisimyé.

a. .... kitan an ka di-yo nou ka rivé ?

b. An té'é..on lotèl bòdlanmè.

c. Dé lannuit a 50 éwo sa .... nou 100 éwo.

d. Nou ké ni tan vwè pou loto-la .... gadé pou bato-la.

e. An touvé on jit .... i pa ka bay si lanmè-la.

🔊 2. ÉCOUTEZ ET TRANSCRIVEZ LES PHRASES ENREGISTRÉES, PUIS INDIQUEZ À QUELLE TRADUCTION FRANÇAISE ELLES CORRESPONDENT.
27

a. ....

b. ....

c. ....

d. ....

e. ....

a. Deux nuits à 50 euros la nuit avec petit-déjeuner compris, cela nous fait 100 euros.

b. J'aurais préféré un hôtel en bord de mer.

c. J'ai trouvé un gîte qui semble sympa. Excepté que cela donne sur la montagne.

d. Par conséquent, je leur demande de nous réserver une chambre pour quelle heure ?

e. Nous aurons le temps de trouver une voiture, renseigne-toi avant tout pour les bateaux.

VOCABULAIRE

chanjmandè *vacances* (litt. *changement d'air*)
Magalant/Marigalant *Marie-Galante*
granmoun *adulte*
bòdlanmè *rivage, plage* (litt. *bord de mer*)
pisimyé *préférer* (litt. *plus aimer*)
trapé *avoir, saisir* (litt. *attraper*)
dé/dépi *depuis, dès*
jik *jusque*
annisòf *sauf*
didiko *petit déjeuner, encas*
kenbé/kyenbé *tenir, retenir* (litt. *tiens bien*)
kanmenmsa *cependant, toutefois*
founi *équipé, meublé* (litt. *fourni*)
chanm *chambre*
lotèl *hôtel*
jit *gîte*
bitasyon *habitation, propriété privée*

26.
SUR LE LIEU DE VACANCES

AN KWEN A CHANJMANDÈ-LA

OBJECTIFS

- PRENDRE POSSESSION D'UN LOGEMENT
- ACCUEILLIR LES NOUVEAUX ARRIVANTS

NOTIONS

- LA CONTRACTION
- LA FORME D'INSISTANCE
- LA FORME PRONOMINALE AVEC KÒ
- UNE TOURNURE OÙ LA RÉPÉTITION DU VERBE EST UTILISÉE POUR SIGNIFIER UN SUBSTANTIF

AU GÎTE

Le propriétaire du gîte : Bonjour madame et monsieur, bienvenue dans notre gîte !

François : Bonjour monsieur, nous sommes François et Thérèse. Nous avons une réservation pour aujourd'hui !

Le propriétaire du gîte : Ah oui, on vous attendait ! Malheureusement, il y a un petit problème. Votre chambre n'est pas fin prête…

Thérèse : Aaah non, ce n'est pas cool ! Après toute cette mer, j'avais hâte de m'installer dans ma chambre, prendre une bonne douche et me détendre…

Le propriétaire du gîte : … ne vous emballez pas madame ! Laissez-moi finir… je disais donc, vous pouvez aller au bar prendre votre pot de bienvenue, le temps qu'ils finissent votre chambre ou, je vous en donne une autre, mais sans vue sur la mer. À vous de voir !

François : Mais pourquoi notre chambre n'est-elle pas prête ? Nous avions bien dit quinze heures ou est-ce moi qui ai mal compris !

Le propriétaire du gîte : Je vous comprends monsieur, mais je ne pouvais pas deviner que la personne qui occupait cette chambre avant vous allait avoir un malaise le jour où il devait rendre les clés !

Thérèse : Ah oui ! Ce n'est pas trop grave j'espère ?

Le propriétaire du gîte : Une insolation rien de méchant !

Cela a pris du temps, mais maintenant ça va, il a pu aller prendre son bateau.

François : Veuillez m'excuser, je ne savais pas !

Le propriétaire du gîte : Ce n'est rien ! C'est tout à fait légitime et à votre place, j'aurais réagi de même !

Thérèse : Bien, qu'à cela ne tienne ! Moi je vais prendre notre pot de bienvenue et le déguster au bord de la piscine ! Prenez le temps qu'il vous faut !

Le propriétaire du gîte : Cela ne sera pas long ! Cinq petites minutes maxi !

François : J'ai vu que vous avez le wi-fi ici, comment puis-je me connecter ?

Le propriétaire du gîte : Venez avec moi dans le bureau, je vais vous donner le code.

Cinq minutes plus tard.

Le propriétaire du gîte : Tenez, voici vos clés ! Suivez-moi, je vais vous montrer votre chambre. Le petit déjeuner c'est de six heures et demie à neuf heures dans la hutte derrière le bar. Vous pouvez aussi être servis dans votre chambre si vous le souhaitez.

Thérèse : Nous le prendrons dans la hutte.

Le propriétaire du gîte : Voilà, nous y sommes ! Je vous laisse. N'hésitez pas à faire appel à moi, quel que soit votre besoin. Bon séjour chez nous et merci encore pour votre attente et de votre compréhension.

ADAN JIT-LA

Mèt a jit-la : Byenbonjou madanm é misyé an-mwen, kontan vwè-zòt an jit an-nou !

Fanswa: Byenbonjou misyé an-nou, nou sé Fanswa é Térèz. Nou kenbé on chanm pou jòd-la !

Mèt a jit-la : A wè, nou té ka atann-zòt ! Malérèzman, ni on ti pwoblèm ayen ditou. Chanm a-zòt pò'ò toutafètman paré…

Térèz : Pooo awa, i pa'a fèt ! Apré tousa lanmè an té présé antré an chanm an-mwen pran on bon douch é délasi kò-la tibwen…

Mèt a jit-la : … pa chaléré-w madanm an-mwen ! Kit'an fin palé… Alòs, an té ka di ; zò pé ay pran bwè a bònarivé a-zòt an baw-la, tan yo fin paré chanm a-zòt ouben an ka ba-zòt ondòt mé i pa ka bay asi lanmè-la. Sé zòt i ka vwè !

Fanswa : Mé kijan chanm an-nou pa paré la ? Nou té byen di twazè-d-laprémidi ouben sé mwen i mal konprann !

Mèt a jit-la : An ka konprann-vou misyé an-mwen, mé an pa té pé prévwa moun-la i té an chanm-lasa avan zòt té kay tonbé léta jou-la i té pou rann sé klé-la.

Térèz : À wè ! Sa pa two grav an ka èspéré ?

Mèt a jit-la : On koul chalè ayen ditou ! Sa pran tan mé alè sa k'ay, i réyisi pati ay pran bato a-y.

Fanswa : Èskizé ou, an pa té sav !

Mèt a jit-la : Pa ni pwoblèm ! Zòt adan dwa a-zòt é mwen, an plas a-zòt, an té'é fè menmbiten la !

Térèz : Bon, toudi pa kuit ! Mwen an kay pran bwè a bònarivé an-nou la é siwoté-y bò pisin-la ! Pran tout tan a-zòt !

Mèt a jit-la : Sa pé ké long ! Senk ti minit pa plis !

Fanswa : An vwè zòt ni wi-fi isidan, kijan fè pou an pé konèkté-mwen ?

Mèt a jit-la : Vini épi-mwen an biwo-la an kay ba-w kòd-la.

Senk minit aprésa.

Mèt a jit-la : Mi, mi klé a-zòt ! Suiv-mwen, an kay montré-zòt chanm a-zòt. Didiko-la sé sizè é dimi pou névè adan joupa-la dèyè baw-la. Yo pé sèvi-zòt an chanm a-zòt osi si zòt vlé.

Térèz : Nou ké pran-y adan joupa-la.

Mèt a jit-la : Mi, nou rivé ! An ka lagyé-zòt. Kèlkanswa sa zòt bizwen pa kyansé kriyé-mwen. Bon séjou koté-nou é mèsi ankò pou atann zòt atann é pou antannman a-zòt.

■ COMPRENDRE LE DIALOGUE
EXPRESSIONS

- → **Kit'an palé /lés'an palé**, *laissez-moi parler.*
- → **Kontan vwè-zòt**, *content de vous voir, soyez les bienvenus.*
- → **Kenbé on chanm**, *retenir une chambre.*
- → **Misyé an-mwen, madanm an-mwen.** *Mon bon monsieur, ma bonne dame.*
- → **Pa chaléré-w/pa chaléré kò a-w.** *Ne vous énervez pas, ne vous faites pas de souci.*
- → **Délasi kò-la**, *se reposer* (**Dé + Las + l**, *se défaire de la fatigue*, **Dé** *débarasser*, **l** *le corps de* **Las** *la fatigue*).
- → **Bay asi lanmè**, *donner sur la mer, vue sur mer.*
- → **Paré chanm-la**, *préparer la chambre.*
- → **Chanm-la paré**, *la chambre est prête.*
- → **Mal/Byen konpwann**, *mal/bien comprendre.*
- → **Tonbé léta**, *perdre connaissance, avoir un malaise.*
- → **On koul/koût chalè**, *une insolation.*
- → **Sa k'ay**, *ça va.*
- → **Zòt an /adan dwa a-zòt.** *Vous êtes dans votre droit.* **Zòt andwa mandé on lèsplikasyon.** *Vous avez le droit de demander une explication.*
- → **Toudi pa kuit.** *On ne se laisse pas abattre.* (litt. *Ce qui n'est qu'échaudé n'est pas encore cuit*).
- → **Kijan fè pou an pé konèkté-mwen?** *Comment (faire pour) me connecter?*

NOTE CULTURELLE

Nous avons vu que la forme pronominal en créole utilise souvent le mot **kò**. Ainsi **kenbé kò**, c'est *se tenir* (litt. *tenir corps*) ; **bat kò**, *se débrouiller* (litt. *battre corps*) ; **ranjé kò**, *prendre ses dispositions* (litt. *ranger corps*) ; **chapé kò**, *se sauver* (litt. *échapper son corps*); **véyé kò**, *prendre ses précautions* (litt. *surveiller son corps*).

Il semble que cette particularité grammaticale qui distingue le corps de l'individu et son esprit, pourrait bien être une survivance du temps de l'esclavage. Le dit esclave considérait que seul son corps était un « bien meuble » du maître, mais ni son esprit, ni ses idées, fruits de ses pensées ne l'étaient.

▶ GRAMMAIRE
LA CONTRACTION

Nous retrouvons ici certaines contractions que nous avons déjà rencontrées :
Pé'é pour **pé ké**, **pò'ò** pour **pòkò**, **pa'a** pour **pa ka**, **té'é** pour **té ké**.
Mais également **kit'an palé** pour **kité an palé**. De même, on peut dire **lés'an palé**, *laissez-moi parler*.

LA FORME D'INSISTANCE

La phrase **Kijan fè chanm an-nou la pa paré** est devenue **Kijan fè chanm an-nou pa paré la**. *Pourquoi notre chambre n'est-elle pas prête ?*
Le **la** d'insistance peut se placer après l'adjectif possessif **an-nou** ou bien à la fin de la phrase.

LA FORME PRONOMINALE AVEC KÒ

Délasi kò-la tibwen, *se reposer un peu (*litt. *défatiguer un peu le corps)* pourrait se dire également **pozé kò-la tibwen**.

UNE TOURNURE OÙ LA RÉPÉTITION DU VERBE EST UTILISÉE POUR SIGNIFIER UN SUBSTANTIF

Mèsi pou atann zòt atann. *Merci pour avoir attendu (*litt. *merci pour votre attente)* pourrait également se dire **Mèsi pou atann a-zòt.**

● EXERCICES

1. COMPLÉTEZ LES PHRASES SUIVANTES AVEC :
kyansé, bay asi, anba, kontan vwè, délasi kò.

a. Byenbonjou mésyé zé dam, nou ....-zòt an jit an-nou ?

b. Pa ....kriyé-mwen si anka zòt bizwen on ransèyman.

c. Nou ni ondòt chanm i ja paré, malérèzman i pa ka ....lanmè-la.

d. Didiko-la sé ....joupa-la nou ka pwan-y lè nou lévé.

e. Mwen, an k'ay...an-mwen bò pisin-la.

2. TRADUISEZ EN CRÉOLE LES PHRASES SUIVANTES.

a. Bonjour mon bon monsieur, nous avons une chambre de réservée pour aujourd'hui.
....

b. Nous n'avons pas encore fini de préparer votre chambre.
....

c. Bienvenue dans notre hôtel et merci pour votre patience.
....

d. N'hésitez pas à m'appeler, quel que soit votre besoin.
....

e. Le petit déjeuner c'est de sept heures à neuf heures sous la hutte.
....

VOCABULAIRE

toutafètman *tout à fait*
bònarivé/bonnarivé *bienvenue*
baw-la *le bar*
joupa *abri, hutte* on dit aussi **kawbé**
kelkanswa *quoiqu'il en soit, de toute façon*
menmbiten *pareil (litt. même chose)*
anatnnman *compréhension*
délasi *se reposer, récupérer*
lagyé *lâcher, laisser*
pran/pwan *prendre*
prévwa *prévoir, anticiper*
siwoté *déguster (litt. siroter)*
kyansé *hésiter*

27.
QUE FAIRE CE SOIR

KA NOU KA FÈ OSWÈ-LA

OBJECTIFS	NOTIONS
• COMMENT OCCUPER SA SOIRÉE • DISCUTER DES ALTERNATIVES POSSIBLES	• LA RÉPÉTITION DU VERBE POUR CONFIRMER L'ACTION • LA RÉPÉTITION DE L'ADVERBE POUR INSISTER • TÉ (TEMPS) + KÉ (MARQUEUR DE MODALITÉ) + VERBE MODAL + VERBE • LE DIMINUTIF TI

À L'INTÉRIEUR OU À L'EXTÉRIEUR

François : Bien, que veux-tu faire ce soir ?

Thérèse : Aucune idée, je suis si fatiguée ! Si je m'écoutais, j'irais dormir de suite sans attendre.

François : Dormir ! Tu plaisantes ! Nous ne passons que deux jours ici, on doit en profiter un max !

Thérèse : Que proposes-tu donc ?

François : On pourrait, pour commencer, aller manger quelque chose et après, pour digérer, nous pourrions aller dans un petit dancing…

Thérèse : … moi dans un petit dancing ! Okay pour aller manger à l'extérieur, mais oublie l'histoire du bouiboui !

François : Que veux-tu (donc) faire après le dîner ? Dormir ?

Thérèse : Non, on peut aller se promener pour digérer et respirer un bon air frais avant de rentrer.

François : Et quand on sera rentrés, tu vas dormir ?

Thérèse : Absolument ! Je vais m'allonger devant la télé pour attendre le sommeil. Il y a un super film que j'ai envie de voir depuis longtemps qui est diffusé ce soir.

François : Tu veux donc me dire que t'es venue jusqu'ici pour regarder la télé ?

Thérèse : Non François, mais il faut que tu me comprennes. Le bateau m'a beaucoup remuée et toute la journée passée à circuler avec cette chaleur m'a achevée.

François : Eh bien moi, j'irai retrouver quelques gars qui m'ont dit qu'ils organisaient une soirée belote et dominos dans la paillotte où nous avons pris le petit-déj.

Thérèse : Fais comme tu veux, tu es majeur et vacciné ! Par contre, tu te connais (déjà) avec ce genre de soirée habituellement bien arrosée. Attention à ne pas rentrer bourré !

François : Non, n'aie crainte ! Je prendrai probablement un ou deux coups mais, ce soir, c'est eau et jus uniquement. Je veux me lever tôt demain pour profiter de notre dernier jour ici.

ANDIDAN OUBEN ANDÈWÒ ?

Fanswa : Bon, ka ou vlé fè oswè-la ?

Térèz : An pa sav, an tèlman las ! Si an té ka kouté lidé an-mwen, sé dòmi an té ké ay dòmi onfwa-onfwa.

Fanswa : Dòmi ! Asé fè jé ! Nou la pou dé jou sèlman, fo nou pwofité plen vant an-nou !

Térèz : ka ou ka pwopozé alòs ?

Fanswa : An ka di, pou konmansé, nou té ké pé ay manjé on biten é aprésa, pou fè manjé-la désann, nou té ké pé ay adan on toufé-yenyen…

Térèz : … mwen adan on toufé-yenyen ! Dakò pou ay manjé dèwò mé zafè toufé-yenyen-la obliyé sa !

Fanswa : Ka ou vlé fè alò apré diné-la ? Dòmi ?

Térèz : Non, nou pé ay fè on timaché pou fè manjé-la désann é rèspiré on bon tivan fré avan nou rantré.

Fanswa : É lè nou rantré, ou k'ay dòmi ?

Térèz : Ou pé di-y ! An k'ay lonji-mwen douvan télé pou atann sonmèy-la. Ni on bon pyès siléma mwen anvi vwè dèpi lontan ka pasé oswè-la.

Fanswa : Alòs ou vlé di-mwen ou vin jis isidan pou gadé télé ?

Térèz : Awa Fanswa, mé fo ou konprann-mwen. Bato-la soukwé-mwen toubòlman é pasé tout jouné-la ka monté é désann konsa anba chalè fin bat épi-mwen

Fanswa : Bon ében mwen, an ké ay jwenn détwa boug. Yo di-mwen oswè-la yo té ka fè on swaré bèlòt é donmino anba joupa-la étila nou pran didiko-la.

Térèz : Fè sa ou vlé, ou sé on grannonm an kilòt a-w ! Sèlbiten, ou ja konnèt-vou é manni lévé koud a-zòt adan sé jan swaré-lasa. Panga ou rantré grenné !

Fanswa : Awa, pa pè ! An pa ka di an pa kay pran yonn oben dé fé mé, oswè-la, sé dlo é ji sèlman. An bizwen lévé bonnè dèmen pou pwofité dényè jou an-nou isidan.

COMPRENDRE LE DIALOGUE
EXPRESSIONS

- → **Pyès-siléma**, *film*. Cette expression est héritée du théâtre et du spectacle en général : **On pyès-téat**, *une pièce de théâtre* et qui a disparu peu à peu au profit de **Film**.
- → **Toufé-yenyen**, *boîte de nuit surpeuplée* (litt. *étouffe-moucherons*).
- → **Kouté lidé**, *suivre son idée, s'écouter.*
- → **Asé fè jé/las fè jé**, *cesser de se moquer, arrêter de plaisanter.*
- → **Nou la**, *nous sommes là.*
- → **Fini bat èvè/épi**, *tuer, achever.*
- → **Grannonm an kilòt a-w**, *adulte* (litt. *grand dans ta culotte*). Voici une autre expression du même genre : **Majè é vaksiné**.
- → **On manni lévé koud**, *une (mauvaise) manie de lever le coude, fâcheuse habitude.*
- → **Pa pè!** *N'aie crainte! Ne crains rien!*

NOTE CULTURELLE

Pendant longtemps, les soirées en pays créoles francophones ont été mornes et insipides. Au mieux, on se recevait pour maintenir un entre-soi de même classe sociale. Puis est venu le temps des boîtes de nuit où la jeunesse pouvait aller s'ébattre au rythme d'orchestres souvent venus d'autres îles de la Caraïbe. Aujourd'hui, sans trop d'effort, sur des sites qui donnent les programmes de l'évènementiel, on peut trouver un restaurant sympathique ou écouter de la musique, aller au théâtre se rendre dans un complexe de salles de cinéma, ou aller assister à un spectacle de danse, sinon à un **léwòz**, musique et danse de tambour **gwoka**, ou encore, éventuellement, se rendre à un de ces nombreux festivals quand c'est la saison, le plus célèbre d'entre eux, Marie-Galante Terre de Blues, se déroule sur la grande galette.

GRAMMAIRE
LA RÉPÉTITION DU VERBE POUR CONFIRMER L'ACTION

Sé dòmi an té ké ay dòmi ! *Je ne ferais qu'une chose, aller dormir !* (litt. *Si dormir, j'irai dormir.*)
Sé las i las. *Il/Elle est épuisé(e).* (litt. *Si lasse, je suis lasse*)
Sé palé i ka palé. *Il/Elle ne fait que parler.* (litt. *S'il parle, il parle*)

LA RÉPÉTITION DE L'ADVERBE POUR INSISTER

Onfwa-onfwa/onfwa-lamenm, *immédiatement.*

TÉ (TEMPS) + KÉ (MARQUEUR DE MODALITÉ) + VERBE MODAL + VERBE

Ka ou té ké vlé fè ? *Que voudrais-tu faire ?*
Ola nou té ké pé ay ? *Où pourrions-nous aller ?*
Kijan té ké fo di ? *Comment faudrait-il dire ?*

LE DIMINUTIF TI

Ti placé devant un nom ou un verbe a pour fonction de conférer à ce terme une qualité « gentillette » mêlée d'affection.
On ti-van, *un souffle de vent* ; **on ti-maché**, *une balade* ; **on ti-palé**, *une causerie* ; **on ti-bo**, *un bisou.*

● EXERCICES

1. COMPLÉTEZ LES PHRASES SUIVANTES AVEC :
ti-pwonmlé, té ké, andidan-la, penga, anni.

a. An pa sav ! Mwen, an .... enmé ay dansé.

b. .... ou obliyé vwè lè p'ou antré !

c. Adan sé swaré-lasa sé .... bwè yo konnèt bwè !

d. Ay doudou, lontan nou pa fè on .... vou é mwen anba lalin-la !

e. Awa, fo an sòti ay maché, ka fè two cho .... !

2. ÉCOUTEZ ET TRANSCRIVEZ LES PHRASES ENREGISTRÉES, PUIS INDIQUEZ À QUELLE TRADUCTION FRANÇAISE ELLES CORRESPONDENT.

a. ....　　a. Je préfère rester à la maison regarder un film que j'ai envie de voir depuis longtemps.

b. ....　　b. Nous pouvons aller nous balader, respirer un bon p'tit air frais.

c. ....　　c. Tu plaisantes ? Tu es donc venue jusqu'ici pour dormir ?

d. ....　　d. Que veux-tu faire ce soir ? Tu as envie de sortir ?

e. ....　　e. Et si nous allions manger à l'extérieur ?

VOCABULAIRE

andidan-la *à l'intérieur*
andèwò-la *à l'extérieur*
isidan/kotésit *ici*
oswè-la/aswè-la *ce soir*
jé *plaisanterie*
sèlman/yenki/anni *uniquement, seulement*
etila/ola/o/la *où*
toubòlman/onlo *beaucoup*
soukré *secouer*
soukwé kò *se trémousser*
sèlbiten *toutefois*
grenné *ivre, saoûl* (les tipunchs se font souvent avec une base de sirop de fruit confit à graine auquel on ajoute du rhum… à volonté)
penga/panga *prends garde, attention*

28.
MANGER DEHORS

MANJÉ DÈWÒ

OBJECTIFS

- DÉCIDER OÙ ET QUOI MANGER
- PASSER LA COMMANDE
- DÉCOUVRIR LA RESTAURATION DE RUE

NOTIONS

- EXPRESSION DE L'ÉTAT AVEC LE MORPHÈME Ø
- L'IMPÉRATIF À LA 1RE PERSONNE DU PLURIEL (RAPPEL)
- DEUX PRÉPOSITIONS : BA ET POU

DEVANT LA VOITURE À BOKITS

Thérèse : J'ai faim ! Et si on allait manger quelque chose ?

François : Que veux-tu manger ?

Thérèse : Je mangerais bien quelque chose de bon (une bonne chose), mais je ne sais pas quoi !

François : Allons faire un tour, cela te donnera peut-être une idée.

Thérèse : Tous les restaurants sont bondés et là où il y a de la place, c'est hors de prix ou le temps d'attente est long et j'ai trop faim pour cela…

François : … il ne reste qu'une solution, c'est la voiture à bokits.

Thérèse : Allons-y, il y a longtemps que je n'ai pas mangé un bon bokit !

Le vendeur de bokits : Que désirez-vous ?

Thérèse : Je ne mange pas de viande, qu'avez-vous sans viande ?

Le vendeur de bokits : Tenez, c'est écrit là ; nous avons de la morue, du thon, du poisson fumé…

Thérèse : … je prendrai un bokit à la morue !

Le vendeur de bokits : Avec quoi dedans ? Mayonnaise, ketchup, piment, moutarde…

Thérèse : … ketchup et piment !

Le vendeur de bokits : Vous voulez de la laitue, de la tomate, des oignons dedans ?

Thérèse : Oui ! Mettez-y tout cela.

Le vendeur de bokits : Et pour vous ?

François : Moi je vais prendre un burger complet, mayonnaise, ketchup et piment avec beaucoup d'oignons.

Le vendeur de bokits : Et comme boisson, vous prenez quoi ?

Thérèse : Vous avez quoi comme jus local ?

Le vendeur de bokits : Fruit de la passion, orange, groseille, cythère…

Thérèse : … donnez-moi un groseille !

François : … et moi je prendrai une Despé bien givrée.

Le vendeur de bokits : Voilà votre commande !

François : Merci. Combien cela fait-il ?

Le vendeur de bokits : Nous avons donc : un bokit morue, un burger complet, un jus de groseille et une bière Despérados. Cela vous fait douze euros.

DOUVAN VWATI A BOKIT-LA

Térèz : An fen ! É si nou té kay manjé on biten ?

Fanswa : Ka ou vlé manjé ?

Térèz : An té'é manjé on bon biten mé an pa sav kibiten !

Fanswa : An nou ay fè on won, pétèt sa ké ba-w on lidé.

Térèz : Tout sé rèstoran-la bawo a lè-lasa é, la ola ni plas, sé pété bwa. Sansa ké fo atann lontan é an two fen pou sa…

Fanswa : … sèl solisyon ka rété sé pran-y an vwati a bokit-la

Térèz : Annou, lontan an pa manjé on bon bokit !

Vandè bokit-la : Ka i ni pou-zòt ?

Térèz : An pa ka manjé vyann, ka zòt ni san vyann ?

Vandè bokit-la : Mi sa maké la ; nou ni mori, ton, pwason fimé…

Térèz : … an ké pwan on bokit mori !

Vandè bokit-la : Ka ou ka mèt adan ; mayo, kètchòp, piman, moutawd…

Térèz : … kètchop é piman !

Vandè bokit-la : Ou vlé léti, tomat, zongnon adan ?

Térèz : Wè ! Mèt tousa adan.

Vandè bokit-la : É pou vou misyé an-mwen ?

Fanswa : Mwen an ké pwan on agoulou konplèt, mayo, kètchòp é piman èvè bon zongnon.

Vandè bokit-la : É pou bwè, ka zòt ka pran ?

Térèz : An ji lokal, ka zòt ni ?

Vandè bokit-la : Marakoudja, zoranj, gwozèy, sitè…

Térèz : … ban-mwen on gwozèy !

Fanswa : … é mwen an ké pwan on dèspé byen fwapé.

Vandè bokit-la : Mi sa zò mandé !

Fanswa : Mèsi. Konmen nou ni pou-w ?

Vandè bokit-la : Alòs nou ni : on bokit mori, on agoulou konplèt, on ji gwozèy é on byè dèspé. Sa ka fè-zòt douz éwo.

COMPRENDRE LE DIALOGUE
EXPRESSIONS

- → **Annou ay fè on won**, *sortons, allons faire un tour* (litt. *allons faire un rond*).
- → **Sa ké ba-w on lidé**, *cela te donnera une idée, cela t'inspirera.*
- → **Tout sé rèstoran-la bawo**, *tous les restaurants sont pleins à craquer* (litt. *tous les restaurants sont barre-haut*).
- → **Sé pété bwa**, *c'est hors de prix* (litt. *c'est casser bras*).
- → **Sèl solisyon ka rété sé pran-y an vwati a bokit-la**, *ne reste qu'une solution, la voiture des bokits* (litt. *seule solution il reste c'est le prendre dans la voiture à bokits*).
- → **Ka i ni pou-zòt ?** *Vous désirez ?* (litt. *qu'y-a-t-il pour vous ?*)
- → **Ka zòt ni san vyann ?** *Qu'avez-vous sans viande ?*
- → **Èvè bon zongnon**, *avec pas mal d'oignons, avec beaucoup d'oignons* (litt. *avec bons oignons*).
- → **É pou bwè ?** *Et à boire ?* (litt. *et pour boire*).
- → **Mi sa zò mandé !** *Voilà votre commande !* (litt. *Voilà ça vous demandé !*)
- → **On dèspé byen fwapé**, *une « bière » despé(rado) très fraîche* (litt. *une despé bien frappée « givrée »*).

NOTE CULTURELLE

Les fast-foods sont comme partout, ouverts pratiquement 7 jours sur 7 ; et ils ont leurs fidèles. Il est vrai que depuis quelques temps ils ont tendance à adapter leurs hamburgers au goût local, mais ils ne feront jamais de **bokits**. De l'anglais *bucket* vous ne les trouverez que dans de petits restaurants spécialisés, ou dans les camions aménagés pour ce type de restauration. Il s'agit d'une pâte légère, frite tel un gros beignet qui, une fois ouvert, peut recevoir différents ingrédients en fonction du goût de chacun : poulet, salade, saucisse, jambon, fromage etc. Le plus traditionnel des **bokits** est à la « chiquetaille de morue ». On trouve à côté du **bokit**, le sandwich **agoulou**. Un gros hamburger destiné à calmer l'appétit « vorace » des plus goulus. Le « complet », dans ce domaine, est celui qui contient tous les ingrédients.

GRAMMAIRE
L'EXPRESSION DE L'ÉTAT AVEC LE MORPHÈME Ø

An fen, *j'ai faim.*
Nou cho, *nous avons chaud.*
Ou swèf, *tu as soif.*
Zòt kòlè, *vous êtes fâchés.*
I bèl, *il est beau, elle est belle.*
I pè, *il/elle a peur.*
Yo las, *ils/elles sont fatigué(e)s.*

L'IMPÉRATIF À LA 1RE PERSONNE DU PLURIEL (RAPPEL)

La première personne de l'impératif se construit en faisant précéder la forme verbale de **annou** :
Annou ay fè on won! *Allons faire un tour!*
Annou ay! *Allons-y!* qui devient quelques fois plus simplement **Annou!** qui, seul, peut aussi être utilisé comme *Allez!* pour encourager une personne, notamment lors d'une épreuve sportive.
Annou vwè! *Allons voir! Dépêchons!*

DEUX PRÉPOSITIONS SOUVENT CONFONDUES BA ET POU

Ba est normalement utilisé quand il s'agit d'une personne physique (animée) :
An ka palé ba-w. *Je te parle.*

Pou est utilisé quand il s'agit d'un objet (inanimé), ou pour dire *à la place de* :
An ké palé pou-w. *Je parlerai en ton nom (litt. je parlerai à ta place).*

Toutefois, ces deux prépositions sont souvent confondues et employées indifféremment l'une à la place de l'autre.

Ici nous avons :
Konmen (lajan) nou ni pou-w? *Combien nous vous devons (d'argent)?*
Alors que nous devrions avoir **Konmmen nou ni ba-w?**

● EXERCICES

1. COMPLÉTEZ LES PHRASES SUIVANTES AVEC :
30 ni, annou, ban, vlé, pwan.

a. .... -mwen on ji zoranj.

b. Ka ou té ké .... manjé.

c. .... manjé adan on vwati a bokit.

d. Ka ou ké .... pou bwè ?

e. Konmen an ....pou-w ?

2. TRADUISEZ EN CRÉOLE LES PHRASES SUIVANTES.

a. Je vais prendre une bière bien fraîche et un bokit à la morue.
....

b. Qu'y a-t-il pour ceux qui ne mangent pas de viande ?
....

c. Y-a-t-il du piment dans la sauce ?
....

d. Je veux beaucoup d'oignons dans le mien.
....

e. Moi aussi, je vais en prendre un.
....

● VOCABULAIRE

fen faim *avoir faim*
kibiten *quoi*
won rond, *tour*
lidé *idée*
bawo *archi complet*
sansa *sinon*
vyann *viande*
maké *écrit, écrire*
mori *morue*
ton *thon*
pwason fimé *poisson fumé*
mayo *mayo(nnaise)*
fwapé *frapper, frappé(e), givrée*
piman *piment*
moutawd/moutad *moutarde*
zongnon *oignon*
léti laitue *salade verte*
agoulou *gros sandwich rond type burger*
ji *jus*
marakoudja *fruit de la passion*
zoranj *orange*
gwozèy *groseille (ce jus issu de la fleur d'hibiscus est appelé bissap en Afrique)*
sitè *cythère* **ponmsitè** *prune de cythère*
Dèspé *diminutif d'une marque de bière très prisée*
Kètchòp *ketchup*

29. PROJETS DE VACANCES

KA OU KA FÈ POU VAKANS

OBJECTIFS

- DISCUTER DE SES PROJETS DE VACANCES
- CITER QUELQUES DESTINATIONS DE VOYAGE

NOTIONS

- 3 TOURNURES POUR UN MÊME PRONOM PERSONNEL
- PROPOSITION RELATIVE INTRODUITE PAR LE MORPHÈME Ø
- IL PRONOM IMPERSONNEL (RAPPEL)

OÙ VAS-TU CETTE ANNÉE ?

Richard : Salut Marie, comment vas-tu ?

Marie : Je vieillis doucement et toi ?

Richard : Je me maintiens et je réfléchis à ce que je dois faire ?

Marie : Sur quoi réfléchis-tu de la sorte ?

Richard : Sur ce que nous allons faire cette année. Ma femme aimerait qu'on aille en croisière découvrir un peu les autres îles…

Marie : … eh bien dis donc. Vous repartez en lune de miel !

Richard : Tu es libre de tes propos, mais ce n'est pas si simple ! Elle, elle aimerait passer Noël en mer, mais en allant me renseigner sur les prix, je suis tombé des nues.

Marie : Ah ouais ! C'est aussi excessif que cela ? À voir toutes ces personnes qui partent en croisière, j'ai cru que c'était maintenant presque gratuit.

Richard : Tu as sans doute raison, mais pour les fêtes de fin d'année, c'est excessivement cher. Pour le prix d'une semaine de croisière, on peut partir deux semaines à Saint-Domingue à Pâques ou à la Pentecôte…

Marie : … je comprends ! Tu aurais préféré aller voir les Espagnoles…

Richard : … arrête tes conneries Marie, une grande dame comme toi ! Tu crois donc qu'avec ma femme à mes côtés, j'aurai le temps pour les Espagnoles !

Marie : Avec vous les hommes, on ne sait jamais. Rien que cela peut refroidir ta femme.

Richard : Tu sais, je n'avais pas envisagé cela ainsi. Maintenant, il me faut voir comment je m'y prends et débattre de cela avec elle. Et toi donc, ou vas-tu cette année ?

Marie : Moi, je vais à Miami avec mon amoureux à la fin de l'année…

Richard : … ah ok ! Maintenant je comprends tes plaisanteries à mon égard ; lune de miel et autres, c'est parce que toi-même, tu vas te marier à Miami…

Marie : … n'importe quoi ! J'ai choisi cette période, car les enfants viennent cet été en vacances et je ne pourrai pas bouger.

Richard : Et vous allez où ? À l'hôtel ou en location ?

Marie : On va chez un ami de mon chéri qui y vit depuis quelques années maintenant. Ainsi, pas de grosses dépenses.

Richard : Eh bien, faut croire que t'as tiré le gros lot ! Tu es une femme vernie !

Marie : Que veux-tu ? Actuellement j'attends mon nouveau passeport pour faire ma demande de visa touristique.

Richard : Je suis heureux pour toi Marie, après toutes les peines subies, tu le mérites vraiment.

OLA OU K'AY LANNÉ-LASA ?

Richa : Ka-w fè Mari, kijan a-w ?

Mari : An la ka izé san sèvi é oumenm ?

Richa : An la ka kenbé on pozisyon é ka kalkilé zafè an-mwen.

Mari : Ka ou ka kalkilé konsa ?

Richa : Ka nou kay fè lanné-lasa. Madanm-la té ké enmé nou ay fè on kwazyè ay konnèt tibwen sé lézòt lilèt-la…

Mari : … woy papa chal. Zòt kay woufè lin dè myèl a-zòt !

Richa : Sé sa ou ka di mé tousa pa sa ! Li, i té ké enmé pasé nwèl anlè dlo mé lè mwen ay gadé pou sé pri-la, an bigidi.

Mari : À wè ! Cho sa cho konsa ? À vwè tousa moun k'ay an kwazyè an konprann sa té près pou ayen alè.

Richa : Pétèt sé vré a-w mé pou nwèl é joudlan sa cho toubòlman. Pou pri a on simenn kwazyè nou pé pati dé simenn Santo Domingo pou Pak ouben Pannkòt…

Mari : … an ka konprann ! Ou té'é pisimyé ay vwè sé pangnòl-la…

Richa : … asé di bétiz Mari, on gran fanmm kon-w ! Alò ou ka kwè èvè madanm an-mwen owa-mwen an ké ni tan pou sé pangnòl-la !

Mari : Èvè zòt nonm ou pa jan sav. Sa sèlman pé fréné madanm a-w.

Richa : Ou sav, an pa té vwè sa konsa. Aprézan fo an vwè kijan an ka bat kat an-mwen é négosyé sa é madanm-la. E oumenm a-w, ola ou k'ay lanné-lasa ?

Mari : Mwen, an kay Miyami épi chéri doudou an-mwen an fen a lanné-la…

Richa : … a dakò ! Alè an ka konprann tijé-la ou té ka fè èvè mwen la ; lin dè myèl é konsò, sé padavwa voumenm a-w ou kay Miyami mayé…

Mari : … ou k'anni di nenpòt sa ou vlé an bouch a-w ! An chwazi tan-lasa padavwa sé timoun-la ka vin pou grann vakans é an pé ké pé boujé.

Richa : É o zòt k'ay ? Lotèl ouben lokasyon ?

Mari : Nou k'ay aka zanmi a doudou an-mwen ka viv la dèpi détwa lanné konyéla. Konsa pa ni gwo dépans.

Richa : Ében, kabrit a-w ka fè bèf fo kwè ! Ou sé on fanm chanslé !

Mari : Ka ou vlé fè ! Alè an ka atann nouvo paspò an-mwen pou an mandé viza touris an-mwen.

Richa : Ében an kontan pou-w Mari, apré tousa gaz ou pran ou mérité-y toubòlman.

COMPRENDRE LE DIALOGUE
EXPRESSIONS

- **Izé san sèvi**, *user sans servir* (litt. *vieillir naturellement, du fait du temps*).
- **Kenbé on pozisyon**, *se maintenir* (litt. *tenir une position*).
- **Kalkilé zafè**, *réfléchir* (litt. *calculer affaires*).
- **Sé lézòt… la**, *les autres.*
- **Woy papa chal**, *hola mes seigneurs !* (litt. *hola papa Charles !*).
- **Mé tousa pa sa**, *mais ce n'est pas tout* (litt. *mais tout cela n'est pas ça*).
- **An bigidi**, *j'ai vascillé.*
- **Pou ayen**, *gratuit* (litt. *pour rien*).
- **Pétèt sé vré a-w**, *tu as peut-être raison* (litt. *peut-être c'est vrai à toi*).
- **Sé pangnòl-la**, *les « petites » espagnoles.*
- **Bat kat**, *(s')organiser* (litt. *battre carte*).
- **Kabrit ka fè bèf**, *c'est la réussite, rouler sur l'or* (litt. *cabri fait des bœufs*) à contrario, quand c'est la dèche, on dira **kabrit ka manjé tòl** (litt. *cabri mange de la tôle*).
- **Gaz ou pran/pran gaz**, *galérer* (litt. *prendre gaz*).

NOTE CULTURELLE

Souvent ,sans prendre le temps de visiter leur propre archipel, les Guadeloupéens voyagent. Après l'incontournable visite en « Métropole », certains ont pris l'habitude de sortir des îles en voyages organisés. Le Venezuela, la Colombie, le Panama et le Costa Rica furent les premières destinations. Aujourd'hui, c'est plus particulièrement la République dominicaine, mais également la Floride qui ont la faveur des touristes guadeloupéens. Une compagnie aérienne a depuis quelque temps, pendant la saison hivernale en Europe, mis New York, Boston et Atlanta à la portée des bourses les plus modestes.

GRAMMAIRE
3 TOURNURES POUR UN MÊME PRONOM PERSONNEL

Ces tournures sont spécifiques au créole guadeloupéen qui distingue trois niveaux de l'identité de chacun :

Niveau 1	Niveau 2	Niveau 3
ordinaire	intrinsèque	intime ou d'insistance
an/mwen	**mwenmenm**	**mwenmenm an-mwen**
je/moi	*moi-même*	*mon moi-même*
ou/vou	**voumenm**	**voumenm a-w**
tu/toi	*toi/vous-même*	*ton toi-même*
i/li	**limenm**	**limenm a-y**
il/elle	*lui/elle-même*	*son lui-même*
nou	**noumenm**	**noumenm an-nou**
nous	*nous-même*	*notre nous-même*
zòt zò	**zòtmenm**	**zòtmenm a-zòt**
vous	*vous (pluriel)-même*	*votre vous-même*
yo	**yomenm**	**yomenm a-yo**
ils/elles	*eux/elles-même*	*leur eux-même*

LA PROPOSITION RELATIVE INTRODUITE PAR Ø (QUE)

Alè an ka konpwann ti-jé la Ø ou té ka fè èvè-mwen la. *Maintenant je comprends que tu te moquais de moi* (litt. *Maintenant je comprends le petit jeu que tu faisais avec moi*).

⬢ EXERCICES

1. COMPLÉTEZ LES PHRASES SUIVANTES AVEC :
mwenmenm an-mwen, voumenm a-w, aprézan, près, kalkilé

a. Paspò-la rivé .... sé mandé viza-la ka rété.

b. Mwen, ... an té ké pisimyé ay an kwazyè.

c. Fo an .... ka nou ka fè lanné-lasa é ola nou k'ay.

d. É .... ki lentansyon a-w pou grann vakans-la ka vin la ?

e. Nou ja vizité .... tout sé lilèt-la dèpi Trinidad jis Sent-Lisi.

🔊 2. ÉCOUTEZ ET TRANSCRIVEZ LES PHRASES ENREGISTRÉES, PUIS INDIQUEZ À QUELLE TRADUCTION FRANÇAISE ELLES CORRESPONDENT.
31

a. .... a. Quels sont vos projets pour cette année ?

b. .... b. Nous ne savons pas encore où nous irons cette année.

c. .... c. De nos jours, voyager coûte beaucoup d'argent.

d. .... d. Combien de temps faut-il pour refaire un passeport ?

e. .... e. Ma femme aimerait que nous fassions une croisière à Noël.

● VOCABULAIRE

izé user *usé*
kalkilé *réfléchir*
kwazyè *croisière*
lilèt *île*
sa cho *c'est cher, coûteux (litt. c'est chaud)*
près *presque*
joudlan *Nouvel An (jour de l'An)*
Pak *Pâques*
Pannkòt *Pentecôte*
bétiz *ânerie, sottise*
aprézan *maintenant*
chéri doudou *petit-ami, amoureux, chéri(e)*
an fen *à la fin (ne pas confondre avec faim)*
ti jé *plaisanterie, farce*
é konsò *et compagnie, etc.*
chanslé *chanceux(se), veinard(e)*

30.
EMBARQUEMENT IMMÉDIAT

BAKÉ ONFWA-LAMENM

OBJECTIFS	NOTIONS
- L'ENVIRONNEMENT AÉROPORTUAIRE - ÉCHANGER SUR LE TRANSPORT AÉRIEN	- FO IL FAUT - UN PASSÉ TRÈS PROCHE SÒTI + FIN - MODALITÉ DE L'OBLIGATION NI POU = DWÈT

À L'AÉROPORT

Marie : Salut Jean ! Où vas-tu donc ?

Jean : Nulle part ! Je viens de mettre un ami dans l'avion pour Saint-Martin et là, j'attends pour réceptionner quelqu'un dont l'avion était sensé atterrir maintenant et qu'on vient d'annoncer en retard. Mais, et toi donc ! Où vas-tu ainsi avec tout cet entrain ?

Marie : Moi, eh bien mon vieux je vais à Miami en quête d'idées pour relancer mes affaires.

Jean : À quelle heure décolle ton avion ?

Marie : Au comptoir d'enregistrement, ils ont dit que je devrai être à la porte quatre dans trois quarts d'heure.

Jean : Ce qui signifie qu'on a le temps de boire un coup vite fait !

Marie : Ah, ça ne sera pas de refus vu que j'ai soif (en ce moment tu vois) !

Jean : Tu vas donc à Miami ! J'ai ouï dire que c'est devenu maintenant plus difficile d'entrer aux États-Unis (dans leur pays d'Américains à eux là) ?

Marie : C'est vrai qu'ils te demandent pas mal de trucs. Il ne suffit pas d'avoir leur dernier passeport biométrique (en question), mais tu dois également répondre à plein de questions sur les motifs et les raisons qui t'amènent chez eux.

Jean : On m'a dit qu'en ce moment, même le Canada exige des Français un visa pour venir chez eux ! Tu penses que tout cela, c'est à cause des terroristes ?

Votre attention SVP ! Les passagers du vol XT 247 pour Miami, veuillez vous présenter de suite pour effectuer les contrôles de police et de sécurité. L'embarquement a lieu aux portes 4 et 5.

Marie : Bon, eh bien… mon heure est venue ! Faut que j'y aille !

Jean : Allez ! Je vais t'aider jusqu'à la porte. Pouah, que c'est lourd ! T'es sûre que ça passera en cabine ton sac là ?

Marie : Mais si ! Quand ils ont pesé mes bagages, je le leur ai montré, ils l'ont soupesé, ils ont évalué sa taille et ils m'ont dit que je pouvais le prendre en bagage à main. Mon sac est léger comme pas permis ! Tu plaisantes !

Jean : Bon eh bien bon voyage ! Pense à envoyer une carte postale !

Marie : C'est ringard ça ! Je vais t'envoyer des photos de Disneyland par WhatsApp !

LAÉWOPÒ

Mari : Ka ou fè Jan ! Ola ou k'ay konsa ?

Jan : P'on koté ! An sòti mèt on zanmi abò avyon-la pou Sen-Marten é la an ka atann pou ranmasé on moun avyon a-y té pou pozé konyéla é yo sòti fin anonsé i ké an rita. Mé, é oumenm a-w ! Ola ou k'ay konsa épi tout balan-lasa ?

Mari : Mwen, ében monchè an k'ay Mayami vwè ka an ka jwenn pou ba biten an-mwen ondòt balan.

Jan : Akilè avyon a-w ka dékolé ?

Mari : An kontwa anrèjistrèman-la, yo di fo an pwenté kò an-mwen pòt kat adan twakadè

Jan : Kivédi nou ni tan bwè on biten vitman-présé !

Mari : À, an pé ké di-w non davwa mwen on tijan swèf la ou ka vwè !

Jan : Alòs konsa ou k'ay Miyami ! An tann di sa vin pli rèd rantré adan péyi Mériken a yo-lasa konyéla ?

Mari : Sa vré yo ka mandé-w onlo zafè. Nonsèlman fo ou ni dènyé paspò byométrik a-yo-la mé ou ni osi pou réponn on pakèt kèsyon asi pou ki biten é pou ki rézon ou ka vin akaz a-yo.

Jan : Yo di-mwen alè la, jis Kanada ka mandé Fwansé viza pou vin akaz a-yo ! Tousa, sé parapòt a sé téwowis-la ou ka di ?

Tanprisouplé toutmoun ! Pasajé vol XT désan karannsèt pou Miyami, tanprisouplé prézanté kò a-zòt onfwa-onfwa pou pasé kontwòl a Lapolis é a sékirité-la. Monté abò-la ka fèt pòt kat é senk.

Mari : Bon, ében… lè an-mwen rivé ! Fo-mwen alé !

Jan : Annou ! An kay ba-w on pal jik douvan lantré-la. Po'o, wi sa lou ! Ou sèten sa ké pasé pou kabin-la sak a-w-lasa !?

Mari : Mé wi ! Lè yo pézé tout bagaj an-mwen, an montré-yo li, yo pwan pwa a-y, yo miziré lajè a-y é yo di-mwen an pé monté abò épi-y an men an-mwen. Sak an-mwen flo kon pa tini ! Sé jé ou ka fè !

Jan : Bon ében bon vwayaj ! Sonjé voyé on kat pòstal !

Mari : Sa pa lanmòd ankò ! An ké watsapé-w foto a Disnéland !

COMPRENDRE LE DIALOGUE
EXPRESSIONS

→ **P'on koté**, *nulle part* (litt. *aucun côté, aucun endroit*).
→ **Mèt on zanmi abò avyon-la = baké on zanmi**, *embarquer un ami* (litt. *mettre un ami à bord de l'avion*).
→ **An pou ranmasé**, *je dois récupérer* (litt. *je suis pour ramasser*).
→ **Yo sòti fin anonsé**, *ils viennent tout juste d'annoncer* (litt. *ils sont sortis finir annoncer*).
→ **Épi tout balan-lasa**, *à cette allure* (litt. *avec tout ce ballant*).
→ **Mayami**, *Miami* prononcé à l'américaine.
→ **Pwenté kò**, *se présenter physiquement* (litt. *pointer son corps*).
→ **On tijan swèf**, *quelque peu soif* (litt. *un petit genre soif*).
→ **Ou ni osi pou réponn**, *tu dois aussi répondre* (litt. *tu as aussi pour répondre*).
→ **Jis Kanada**, *même le Canada* (litt. *jusqu'au Canada*).
→ **Tanprisouplé toutmoun**, *votre attention SVP* (litt. *SVP tout le monde*).
→ **Monté abò = baké**, *embarquer, embarquement* (litt. *monter à bord*).
→ **Ba on pal**, *aider, soulager* (litt. *donner une pale*).
→ **Kon pa tini**, *très, extrêmement* (litt. *comme il n'y a pas*).
→ **Sa pa lanmòd**, *c'est démodé, désuet* (litt. *c'est pas à la mode*).

NOTE CULTURELLE

Les vols long-courriers sur gros porteurs atterrissent sur la piste de l'aéroport international, mais les petits avions à hélices des compagnies locales qui font la navette entre les îles à longueur de journée ont leur propre piste ainsi qu'un aéroport régional. Que vous veniez d'Europe, d'Amérique, du Canada, ou simplement de Martinique, Dominique, Antigua, Saint-Barth ou Saint-Martin, l'accueil, dans chacun de ces aéroports, sera toujours le même, on vous souhaitera la bienvenue avec un **Kontan vwè-zòt !** *Content de vous voir !*

GRAMMAIRE
FO IL FAUT

Fo an pwenté kò an-mwen pòt kat avan twakadè. *Il faut que je me présente à la porte 4 avant trois-quarts d'heure.*

Fo ou ni dènyé paspò byométrik a-yo la. *Il faut avoir leur dernier passeport biométrique.*

Rappelons que si *il faut* se dit **fo**, *il ne faut pas* se dit **fo pa**.

Il est exceptionnel que, pour la négation, **pa** se trouve après la forme verbale.

Au futur cependant *il faudra* se dit **ké fo** ; *il ne faudra pas* **pé ké fo.**

Enfin au conditionnel, *il faudrait* **té ké fo** ; *il ne faudrait pas* **pa té ké fo.**

UN PASSÉ TRÈS PROCHE SÒTI + FIN

Nous avons vu que le passé proche se fait avec le morphème **sòti** placé avant la forme verbale :

Yo sòti anonsé, *on vient d'annoncer.*

Pour signifier que l'action en question est très proche du moment de l'énonciation on peut dire : **yo fin anonsé.**

Pour être plus proche encore : **yo sòti fin anonsé.**

MODALITÉ DE L'OBLIGATION NI POU = DWÈT

Ou ni osi pou ou réponn on pakèt kèsyon. *Tu dois aussi répondre à plein de questions.*

Cette idée pourrait aussi se dire **ou dwèt réponn… Fo ou réponn…**

⬢ EXERCICES

1. COMPLÉTEZ LES PHRASES SUIVANTES AVEC :
vitman-présé, ola, lasa, lè, fo.

a. ………………………………………………………… ou k'ay èvè balan-lasa ?

b. Té ké ………………………………………ou pwenté laéwopò avan twazè.

c. Annou bwè on biten ………………………………………………………… .

d. ………………………………… yo pézé bagaj an-mwen yo vwè i té two lou.

e. Sak a-w ……………………………………………… pé ké ay an kabin-la.

🔊 2. ÉCOUTEZ ET TRANSCRIVEZ LES PHRASES ENREGISTRÉES, PUIS INDIQUEZ
32 À QUELLE TRADUCTION FRANÇAISE ELLES CORRESPONDENT.

a. …………………………………………… a. Ma valise ne pèse rien, elle est légère comme tout !

b. …………………………………………… b. On m'a dit que je dois me présenter au comptoir d'enregistrement à 14 h maxi.

c. …………………………………………… c. Actuellement, pratiquement tous les pays exigent un visa pour venir chez eux.

d. …………………………………………… d. Je suis venu dire au revoir à un ami qui prend l'avion.

e. …………………………………………… e. L'embarquement se fait aux portes 4 et 5.

VOCABULAIRE

Sen-Marten *Saint-Martin*
ranmasé *récupérer (litt. ramasser)*
balan *allure (litt. ballant)*
monchè *mon vieux (litt. mon cher)*
jwenn *trouver (litt. joindre)*
kontwa *comptoir*
twakadè *trois quart d'heure*
vitmanprésé *rapidement, vite fait (litt. vitement-pressé)*
Mériken *Américain*
paspò *passeport*
pakèt *beaucoup de, plein de (litt. paquet)*
onfwa-onfwa/onfwa-lamenm *tout de suite, immédiatement (litt. une fois-une fois)*
lou *lourd*
pézé *peser*
flo *léger/légère*
pwan pwa *peser (litt. prendre poids)*

POUR ALLER PLUS LOIN :
kon pa tini

Il est fréquent dans le langage parlé courant de faire suivre un adjectif qualificatif d'une comparaison :

Long kon kou a kyo, l*ong comme le cou d'un héron.*
Mèg kon zo, *maigre comme un os.*

Quand on ne trouve pas le terme d'une comparaison adéquate, on dit **kon pa tini**, *comme il n'y a pas, comme pas possible.*

Ici : **Sak an mwen flo kon pa tini**, *Mon sac est léger comme pas possible.*

31.
JEUX D'ANTAN ET D'AUJOURD'HUI

JÉ AN TAN LONTAN É JÉ JÒDIJOU

OBJECTIFS	**NOTIONS**
• PARLER DES LOISIRS D'AUJOURD'HUI • PARLER DES PASSE-TEMPS D'AUTREFOIS	• DUPLICATION DE LA FORME VERBALE SÒTI I SÒTI • TÉ KÉ FO, IL FAUDRAIT

LOISIRS

François : Salut Thérèse, qu'as-tu, je te vois boudeuse ?

Thérèse : Je suis en guerre avec mon fils ! Je lui cherche une activité pour qu'il oublie un peu les jeux vidéos et internet, le sortir de sa chambre, qu'il aille faire un sport quelconque, du foot, du basket, du tennis, du vélo… une activité physique.

François : Il y a pas mal de choses qu'il peut faire, mais cela dépend de ce que lui, il aime !

Thérèse : Je suis incapable de te dire ce qu'il aime autre que son ordinateur et sa console. Sitôt sorti de l'école, il s'y précipite.

François : À t'entendre, ton fils n'est pas un poil sportif. Il te faudrait peut-être penser à un passe-temps artistique pour lui, des trucs tels que la peinture, la sculpture, la musique, la danse…

Thérèse : … mon fils ! Dans ce genre d'activités ? On voit que tu ne le connais pas ! Bon, la musique… je ne dis pas ; cela pourrait l'intéresser, mais tel que je le connais, il va à coup sûr choisir un instrument comme la batterie ou la guitare et je vais avoir du bruit plein la tête tous les jours. Non ! Je veux quelque chose qui le fasse sortir (amène à l'extérieur), respirer, s'étirer.

François : Quand je pense que nous, c'est à l'extérieur qu'on passait notre temps quand il n'y avait pas école. Rester à l'intérieur c'était une punition ! On allait jouer au ballon, faire une partie de pêche, faire du cerf-volant, jouer aux billes, à la toupie, rouler en caisse à savons, aller chercher des fruits de saison…

Thérèse : … tout à fait ! Nous les filles, ce sont nos poupées que nous coiffions sous la véranda. Sinon, on jouait à la marelle, aux osselets, au hula hoop, à chat caché et parfois, on suivait les garçons en allant se baigner à la rivière.

François : Nous ne voyions pas passer le temps. De nos jours, tu dois trouver de l'argent tu ne sais où, pour payer un loisir à ton enfant.

Thérèse : Tout a changé aussi, il faut voir ! Il y a tant de voitures et de violence maintenant que tu ne peux pas laisser ton enfant à l'extérieur comme autrefois.

François : Un de ces jours, je passerai le chercher pour l'amener avec moi dans mon jardin. Va savoir ! Cultiver la terre, cela peut faire germer une graine dans sa tête !

Thérèse : Ah ouais ! Tu as un jardin ?

François : Oui, comment tu l'ignorais ? Oui, j'ai un petit bout de terre sur les hauteurs de Baillif où j'ai fait un jardin. J'y (c'est où je) passe mon temps quand je n'ai rien à faire. Jardiner, travailler la terre, cela te change les idées et te fait transpirer, mais la voir te donner des résultats, cela remplit de joie et de fierté.

DÉZANNUYANS

Fanswa : Ka-w fè Térèz, ka i rivé-w an ka vwè figi a-w maré ?

Térèz : Mwen annafè épi tiboug'an-la ! An ka chèché on okipasyon ba-y pou fè-y lagé jé vidéo é entèwnèt tibwen, woté-y an chanm a-y, ay fè on ispò an pa konnèt mwen, boul, baskèt, ténis, bisiklèt… fè on biten épi kò a-y.

Fanswa : Ni on pakèt biten i pé fè mé sé silon sa i enmé limenm a-y !

Térèz : Mwen pa néta di-w ka i enmé dòt ki òwdinatè a-y é konsòl a-y. Sòti i sòti lékòl sé adan sa i ka varé.

Fanswa : Dapré sa ou ka di-mwen, tiboug aw-la pa fizik pou on sou. Pétèt té ké fo ou sonjé gadé pou on dézannuyans awtistik ba-y. Dé biten kon penti, skilti, mizik, ladans…

Térèz : … tiboug'an-mwen-la ! Adan sé kalité mouvman-lasa ?
Ka vwè ou pa konnèt-li ! Bon, mizik… an pa ka di ; sa pé rivé a di-y on biten mé, jan an konnèt-li la, sé pou i chwazi on enstriman kon batri oben gita é sé dézòd an ké ni an tèt an-mwen touléjou. Awa ! An vlé on biten ka mené-y dèwò, rèspiré, détiré kò a-y.

Fanswa : Lè an ka sonjé, nou, sé dèwò-la nou té ka pasé tan an-nou lè pa té ni lékòl. Rété andidan sé té on pinisyon ! Nou té k'ay jwé boul, fè on koul pèch, filé sèvolan, jwé mab, touné toupi, woulé kabwa, ay chèché fwitay silon sézon…

Térèz : … ou pé di sa ! Nou sé tifi-la, sé pòpòt an-nou nou té ka pengné anba véranda-la. Sansa, nou té ka jwé marèl, pichin, sèwso, cho-kaché é dépawfwa, nou té ka suiv sé tigason-la k'ay bengné an rivyè

Fanswa : Nou pa té ka vwè tan-la pasé. Jodijou fo ou touvé ola on lajan yé pou péyé timoun a-w on dézannuyans.

Térèz : Ni tèlman vwati é vyolans alè kifè ou pé pa lagé timoun a-w dèwò-la kon avan.

Fanswa : Yonn sé jou-la an ké pasé chèché-y, méné-y épi mwen an jaden an-mwen. Ay sav ! Planté manjé, sa pé fè on grenn tijé an tèt a-y !

Térèz : À bon ! Ou ni on jaden ?

Fanswa : Wè, koman ou pa té okouran ? Wi, an ni on ti mòsò tè si wotè a bayif ola an fè on jaden. Sé la an ka pasé tan lè mwen ayennafè. Fè jaden, travay tè-la sa ka lavé lèspri a-w é ka fè-w swé mé, vwè-y ka ba-w rannman, sa ka fè kyè a-w kontan é ka fè lèstonmak a-w gonflé.

COMPRENDRE LE DIALOGUE
EXPRESSIONS

- → **Figi maré**, *bouder (figure attachée).*
- → **Mwen annafè épi**, *Je suis en guerre avec, je suis fâchée avec (*litt. *je suis en affaire avec).*
- → **Sòti i sòti lékòl**, *dès qu'il sort de l'école, sitôt sorti de l'école (sorti il est sorti de l'école).*
- → **Mwen pa néta**, *Je suis incapable de (*litt. *moi pas en état).*
- → **Gadé pou**, *chercher (*litt. *regarder pour).*
- → **Ka vwè ou pa konnèt-li !** *Ça se voit que tu ne le connais pas !*
- → **Lè an ka sonjé**, *dans mes souvenirs (*litt. *quand je me souviens).*
- → **On koul pèch**, *une partie de pêche (*litt. *un coup de pêche).*
- → **Filé sèvolan**, *faire du cerf-volant (*litt. *filer cerf-volant = donner du fil au cerf-volant).*
- → **Planté manjé**, *faire de la culture, cultiver (*litt. *planter à manger).*
- → **Pa okouran**, *ne pas être informé, ignorer (*litt. *pas au courant).*
- → **Fè lèstonmak**, *gonflé, remplir de fierté, pavaner (*litt. *faire l'estomac gonfler = faire le paon).*

NOTE CULTURELLE

On trouve en Guadeloupe tous les jeux, sports et loisirs de toutes les destinations touristiques courantes, qu'il s'agisse de jeux d'argent des casinos ou de jeux sportifs comme le golf, sans oublier tous les sports de la mer tels que le surf, ou le stand-up paddle, kitesurf, ainsi que ceux de l'air comme le parachutisme ou le parapente. Toutefois, il existe deux spécialités de l'archipel : les combats de coqs et les courses de bœufs. Les premiers se pratiquent dans des **pitakòk** ou gallodromes. Très réglementée, cette pratique régionale risque de disparaître à moyen terme sous la pression de la SPA (Société Protectrice des Animaux). Il en va de même des courses de bœufs tirants qui consistent à faire tirer une charrette chargée d'un poids imposé par des taureaux sur un parcours défini dans un temps record. Ces distractions qui ont la faveur d'un public de passionnés et qui font l'objet de paris de sommes d'argent importantes sont programmées et annoncées dans les journaux de la région. Souvent, les professionnels et les amateurs connaissent les animaux qui participent à ces compétitions, leurs performances ainsi que leur généalogie.

▶ GRAMMAIRE
DUPLICATION DE LA FORME VERBALE SÒTI I SÒTI

Sòti i sòti lékòl sé adan sa i ka varé. *Aussitôt sorti de l'école, c'est là-dessus qu'il se jette.*

Le premier **sòti** est un modal qui pourrait être remplacé par **fin** :
Fin i fin sòti lékòl…

Le deuxième **sòti** peut se traduire par le verbe *sortir*.

TÉ KÉ FO IL FAUDRAIT

Té ké fo ou gadé pou on dézannuiyans artistik ba-y. *Il faudrait lui trouver une occupation artistique.*
Rappelons que la négation de **té ké fo** est **pa té ké fo**, *il ne faudrait pas*.

⬢ EXERCICES

1. COMPLÉTEZ LES PHRASES SUIVANTES AVEC :
touvé, biten, dézannuiyans, kò, pasé.

a. Sòti dèwò ay fè on biten èvè ……………………………………………… a-w.

b. Lè pa té ni lékòl yo té ka ………………………………… tan a-yo dèwò-la.

c. An pa sav ola an kay ……………………………………………… on lajan.

d. Fè jaden sé on bèl ……………………………………………………… .

e. Fo ou sav jòdijou tout …………………………………………… chanjé.

🔊 2. ÉCOUTEZ ET TRANSCRIVEZ LES PHRASES ENREGISTRÉES, PUIS INDIQUEZ À QUELLE TRADUCTION FRANÇAISE ELLES CORRESPONDENT.
33

a. …………………………………………

b. …………………………………………

c. …………………………………………

d. …………………………………………

e. …………………………………………

a. Quand nous étions petits, nous jouions aux billes, à la toupie et au cerf-volant.

b. Sitôt sorti de l'école il se jette directement sur les jeux vidéos.

c. Moi, mon passe-temps favori c'est d'aller en bord de mer faire une partie de pêche.

d. De nos jours les enfants ne sont pas sportifs du tout ! Ils sont enfermés dans leur chambre toute la journée derrière un ordi.

e. Maintenant il y a trop de violence et de délinquance ! On ne peut plus laisser son enfant dehors comme autrefois.

VOCABULAIRE

okipasyon *activité (litt. occupation)*
ispò/èspò *sport*
fizik *sportif (litt. physique)*
dézannuyans *loisir*
mouvman *activité, association (litt. mouvement)*
kalité/kalté *sorte, genre (litt. qualité)*
mab/kristal *bille*
kabwa *caisse à savon (litt. planche de bois sur roulement à billes dotée d'un volant)*
fwitay/fwi *fruit*
pòpòt *poupée*
pichin *osselet*
sèwso *hula hoop (litt. cerceau)*
cho-kaché *chat perché*
maré *attacher*
varé *se précipiter, se jeter sur*
détiré *étirer*
tijé *germer, pousser*
wotè *hauteur*
grenn *graine*
mòsò *bout (litt. morceau)*
dézòd *bruit, vacarme (litt. désordre)*
annafè *être fâché*
dépawfwa *parfois, quelques fois (litt. des parfois)*
ayennafè *oisif (litt. rien à faire)*
tiboug *garçon*
an tan lontan *autrefois, jadis (litt. en temps longtemps)*
jòdijou *de nos jours, aujourd'hui (litt. jour d'aujourd'hui)*

LES CORRIGÉS DES EXERCICES

NOTE

Vous trouverez dans les pages qui suivent tous les corrigés des exercices proposés dans les modules qui précèdent. Les exercices enregistrés sont signalés par le pictogramme ◀ accompagné du n° de piste en *streaming*. Ils se trouvent sur la même piste que le dialogue de la leçon, à la suite de celui-ci ; ils portent donc le même numéro de piste.

1. PREMIER ÉCHANGE

🔊 03 **1. a.** Ki non a-w ?
b. Ou sé moun kikoté ?
c. Non an-mwen sé Lisi ?
d. An ka travay Bastè !
e. Mwen adan prèmyé nivo-la !

2. a. Non an-mwen sé (tinon a-w).
b. An ka travay (vil-la).
c. An sé moun (vil oben péyi a-w).
d. An ka rété (vil-la).
e. An ka aprann palé kréyòl.

2. RETROUVAILLES

🔊 04 **1. a.** Ka ou fè ?
b. Kijan a-w ?
c. Kijan a-yo ?
d. An Ø kontan vwè-w boug.
e. Ka ou ka fè kotésit ?

2. a. Kijan a-w ?
> **3.** Comment vas-tu ?
b. An byen mèsi !
> **5.** Je vais bien !
c. An kontan wouvwè-w.
> **2.** Je suis heureux de te revoir.
d. Byenbonjou ba toutmoun a-w !
> **1.** Le bonjour aux tiens.
e. Ovwa, adan ondòt solèy !
> **4.** Au revoir, à un de ces jours !

3. RENCONTRE AVEC UN MEMBRE DE LA FAMILLE

🔊 05 **1. a.** Kimoun ou yé ?
b. Ou sé kimoun ?
c. An ké pasé vwè-w.
d. Ki laj a-y ?
e. Ola yo ka rété ?

2. a. Kijan yo fè ?
b. Ka l ka fè ?
c. Ola ou ka rété ?
d. Ki laj a-y ?
e. An ni vennsizan.

4. PRÉSENTATION DE LA FAMILLE

1. a. Adliz sé sè an-mwen.
b. Nou té ou ké kontan vwè-zòt.
c. Kimoun i sé frè a-w ?
d. An pa Ø sav ola zòt ka rété.
e. Nou ké ou té ay koté-yo.

🔊 06 **2. a.** Kimoun i owa vou la ?
> **2.** Qui est à côté de toi ?
b. Yo té kontan kontré épi nou.
> **4.** Ils étaient contents de nous rencontrer.
c. Sé gran-apa a manm'an-mwen.
> **6.** C'est le grand-père de ma mère.
d. An ké vin vwè-w !
> **3.** Je viendrai te voir !
e. Ola ou té travay ?
> **1.** Où aviez-vous travaillé ?

5. PRÉSENTATION DU LIEU DE TRAVAIL

1. a. Biwo-lasa sé ta kolèg a-w.
b. I ka suiv vou toupatou la ou pasé.
c. Adan pyès-la ni on fou pou yo chofé manjé a-yo.
d. Zòt a konmen moun ka travay isidan ?
e. Sé li i ka pentiré sé vwati-la.

🔊 07 **2. a.** Kontan wousouvwè-w abò épi nou !
> **5.** Heureux de vous accueillir parmi nous !
b. Nou a senk adan sé biwo-la.
> **4.** Nous sommes cinq dans les bureaux.
c. Kijan zòt ka fè pou manjé anmidi ?
> **1.** Comment faites-vous pour manger le midi ?
d. Sé watè-la an fon a koulwa-la.
> **2.** Les toilettes se trouvent au fond du couloir.
e. Kolèg a-w pwan détwa jou konjé.
> **3.** Votre collègue a pris quelques jours de congés.

6. PREMIER CONTACT TÉLÉPHONIQUE

🔊 08 **1. a.** Adliz pou kriyé.
b. P'on moun pa ka réponn ?
c. Ou vlé palé ba kimoun ?
d. I té ké kontan vwè-w !
e. Sé pou kimoun ou ka palé ?

2. a. An té ké enmé palé ba Kristyan !
b. I pa la.
c. An ka kwè ou fè érè.
d. Pa ni p'on moun yo kriyé konsa isidan.
e. Ki liméwo ou fè ?

7. SE RENSEIGNER PAR TÉLÉPHONE

1. a. Wè, alè an ka tann-vou plibyen !
b. Ès ou ni on moun ka menné-w ?
c. Ou kay pé vin chèché biten a-w dèmen menm !
d. Koli-la pòkò la !
e. Ou ka di sa k'ay konsa ?

🔊 09 **2. a.** Ès ou té ké pé woudi-mwen non a-w souplé ?
> **3.** Pourriez-vous me dire à nouveau votre nom s'il vous plaît ?
b. An ka kriyé pou sav si an pé vini.
> **4.** J'appelle pour savoir si je peux venir.
c. Ou ka tann-mwen plibyen konyéla ?
> **5.** Vous m'entendez mieux maintenant ?
d. A kilè Lapòs ka ouvè ?
> **1.** À quelle heure ouvre le bureau de Poste ?
e. Mèsi onpil, ovwa é a dèmen sipètadyé !
> **2.** Merci beaucoup, au revoir et à demain !

8. PRENDRE RENDEZ-VOUS

🔊 10 **1. a.** An té vlé vini vwè-w.
b. An té ka travay lè yo rivé.
c. Madanm-la ja/té ja déviré !
d. Misyé-la pa té ni lajan pou péyé-w.
e. Jak té ja/ja las atann Adliz.

2. a. I pa té ka konprann kréyòl-la.
b. Ès zòt ké vin vwè nou ?
c. Fo ou sav ka ou vlé.
d. Kimoun ké di-yo fo yo wouvin ?
e. An té ni randévou a uitè mwennka bonmaten-la.

9. JOUR DU RENDEZ-VOUS

1. a. Rivé i rivé i mandé manjé.
b. Ba Jak sa ban-mwen.
c. Ola yo k'ay ?
d. Timoun lasa sé timoun an-mwen.
e. Palé ou ni pou ou palé ba timoun a-w.

🔊 11 **2. a.** Rivé Jak rivé i woupati.
> **2.** Aussitôt arrivé Jacques est reparti.
b. Ka an pé fè ba-w ?
> **5.** Que puis-je pour vous ?
c. Lèwvwè ou ké sòti isidan sé prèmyé lari-la asi men dwèt a-w.
> **1.** Quand vous sortirez d'ici c'est la première rue à droite.
d. Di-mwen ola zòt k'ay.
> **4.** Dites-moi où vous allez.
e. Ban-mwen liv-lasa.
> **3.** Donnez-moi ce livre.

10. CHERCHER UN LOGEMENT

🔊 12 **1. a.** Ki grandè kaz ou té ka chèché la ?
b. Ola an ké touvé-y moun-lasa ?
c. Sa ka sanm sa sa pa mové menm.
d. Apré ou travèsé chimen-la ou ka pwan adwèt !
e. Yo ka lwé kaz-lasa ayen lajan.

2. a. An té ké enmé on dé pyès èvè on kuizin, on véranda é on ti jaden.
b. Èskizé déranjman-la gran-anman, mé an té ké enmé palé ba-w.

c. Dapré sa an tann, dézyèm kaz-la si men dwèt a-w sé pou lwé.
d. Kwen-la ka sanm sa i trankil.
e. Di-y konsa sé mwen i ka voyé-w.

11. COUP DE CHANCE

1. a. Sa chè toubòlman.
b. Lè yo ké ka rivé an ké ka pati.
c. Jak ni pou i vini vwè-nou é nou konmdifèt nou ka atann-li.
d. Mòn-la la ou ka rété la sé on bèl tikoté.
e. Fo ou sav si ou ka rété oben si ou ka pati.

🔊 13 **2. a.** Ou pa bizwen di-mwen sa.
> **5.** Tu n'as pas besoin de me le dire.
b. I té ka gadé kaz a-yo pou yo pannan yo té lòtbò.
> **1.** Il leur gardait leur maison pendant qu'ils étaient à l'étranger.
c. An té kontan rann-vou sèvis –lasa.
> **4.** J'ai été heureux de vous rendre ce service.
d. Fo i té rann-yo li lè yo viré.
> **2.** Il a fallu qu'il la leur rende à leur retour.
e. Zòt ké ka rivé lè nou ké ka pati.
> **3.** Vous serez en train d'arriver quand nous serons en train de partir.

12. APRÈS LA FÊTE

🔊 **14** **1. a.** Annou pati avan lannuit tonbé.
b. Gay lè i yé ou pò'ò ka dòmi !
c. Anfinaldikont ou té byen fèt vini.
d. Jòdi-la ka fè cho toubòlman !
e. An pé'é pé fè tousa ou ka mandé-mwen la !

2. a. Mèt sé zasyèt-la adan lévyé-la.
b. An pa ni tan pwòpté kaz.
c. Yèoswè sé timoun fè on tan.
d. An té ké kontan si ou té pé rédé-mwen.
e. Ola ou mèt lenj sal-la ?

13. AU TRAVAIL

a. Kibiten ou vlé ankò.
b. Jak té malad, i pa té pé travay.
d. Ayen pa pasé pannan an té lòtbò-la ?
e. Nou vann sé loto-la nou té réparé la.
f. Toutbiten luil !

🔊 **15** **2. a.** Kitan nou kay wouvwè-w ?
> **2.** Quand allons-nous te revoir ?
b. Mwen ay an garaj-la pannan ou pa té la.
> **5.** Je suis allé au garage pendant votre absence.
c. Pa ni ayen maké asi ajanda-la.
> **4.** Il n'y a rien d'écrit sur l'agenda.
d. Ou ka di nenpòt kibiten.
> **1.** Tu dis n'importe quoi.
e. An ni on biten pou an di-w.
> **3.** J'ai quelque chose à te dire.

14. AU BUREAU

🔊 **16** **a.** Poubon ou ka di sa rivé ?
b. Konmen moun ou bizwen ni dapré-w pou fè travay-la ?
c. Lè ou ké fin an té ké enmé ou gadé-vwè sa ban-mwen.
d. An pa konnèt jwé Ø Gita.
e. Té fo nou lévé bonnè pou ay travay.

2. a. Chantyé-la ka woulé dé(pi) senkè-d-maten pou twazè-d-laprémidi.
b. Ès ni on pòz didiko ?
c. Sé dé prèmyé mwa-la ou ké touché 1200 éwo.
d. Ka i té wòl a-w adan dènyé travay a-w ?
e. A ki lè nou ka lagé ?

15. UN RÉVEIL DIFFICILE

1. a. Pyè ay travay san pwan didiko a-y !
b. Sé loto a-zòt la bèl mé séla-zòt la pa bèl kon sélan-nou la.
c. Gason an-mwen la pa tann téléfòn a-y bonmaten-la.
d. An kay ba chimiz blan a-w la on koul kawo.
e. Loto-lasa pa tan-nou sé ta-zòt.

🔊 **17** **2. a.** Sonjé pwan didiko a-w.
> **2.** N'oublie pas de prendre ton casse-croûte.
b. I ja ta, dèmen ou ka travay, ay lonji kò a-w !
> **5.** Il est tard, tu travailles demain, va te coucher !

c. Lè an ka di-w fo ou lévé pli bonnè !
> **4.** Quand je te dis qu'il faut que tu te lèves plus tôt !
d. Ou lévé bonnè bonmaten-la.
> **1.** Tu t'es levé tôt ce matin.
e. Ay pran chimiz an-mwen ban-mwen, blé-la la.
> **3.** Va me prendre ma chemise, celle qui est bleue.

16. ORGANISER UNE SOIRÉE

🔊 18 **1. a.** I ka manjé détwa salibouch atoupannan i ka atann yo sèvi-y.
b. Jéwòm ni tout sé dènyé son-la i sòti sòti la.
c. An té vlé sav ès ou ka vin épi mwen fè sé konmisyon-la ?
d. Fo ou sonjé lésèz i ba-w fòs-la.
e. Nou té'é pé fè on zouk pou fété sa.

2. a. An kay mèt manjé-la an men a on moun an-mwen.
b. A konmen moun nou ja yé la ?
c. Ou pé menné-mwen fè sé konmisyon-la ?
d. Jan ni tout sé dènyé son-la.
e. É si nou té ka fè on zasyèt kréyòl épi bouden é marinad annantré ?

17. À LA GARE ROUTIÈRE

1. a. Ni yenki Onsèl dirèkt ka vwayajé lématen.
b. Konmen pou alé é viré Bastè ?
c. Tan pou an viré, boutik-la ké ja Fèmé.

d. Aprézan ou di-mwen ka ou vlé an ké pé réponn-vou.
e. Ni on transpò i sòti fin rivé alè la.

🔊 19 **2. a.** A konmen pasaj-la pou Bastè ?
> **2.** Combien coûte le billet pour Basse-Terre ?
b. Ni yonn i sòti fin pati.
> **3.** Il y en a un qui vient tout juste de partir.
c. Transpò-lasa ka arèsté adan tout sé komin-la.
> **4.** Ce bus s'arrête dans toutes les communes qu'il traverse.
d. Ni anki onsèl dirèk an jouné-la.
> **5.** Il n'y a qu'un seul direct par jour.
e. A kilè pwochen transpò-la pou Lapwent ka pati ?
> **1.** À quelle heure part le prochain bus pour Pointe-à-Pitre ?

18. S'ORIENTER

🔊 20 **1. a.** Yo di-nou konsa ay toudwèt jiktan nou rivé adan on twachimen.
b. An pyé a mòn-la sé la nou ké vwè chèl-la.
c. Kijan an ka fè pou ay Lapréfèkti ?
d. Fo pran alamonté apré ou travèsé wonpwen-la.
e. Yo di-mwen sé p'asi kotésit an ké touvé Laréjyon.

2. a. Fo ou pran chimen-la alamonté asi men dwèt a-w.
b. Ou (zò) adan mové sans-la.

c. Apré wonpwen-la pran dézyèm-la agòch.
d. Kontinyé tout dwèt jiktan on twa chimen.
e. Apré chèl-la, sé twazyèm batimán-la, apré sé mach-lèskalyé-la, sé la.

19. LA CIRCULATION EN VILLE

1. a. Boutik-la fin wousouvwè sé dènyé awtik-la ou té ka atann la.
b. Ou pa'a tann sé bisiklèt-la rivé, ou K'anni vwè-yo ka travèsé.
c. Mi, sòti an té ka di-y konsa pa ni mwayen ou maché anvil !
d. A ! an sòti fin vann dènyé-la l té ka rèsté la.
e. É menmsi an té ni on vwati sa pa té'é opozé-mwen pran dé pyé an-mwen.

🔊 21 **2. a.** Ni loto garé adwèt kon agòch.
> **4.** Il y a des voitures stationnées à droite comme à gauche.
b. Sé panno réklam-la ka baré chimen a-w.
> **3.** Les panneaux publicitaires vous obstruent le passage.
c. Sa pa fasil monté é désann anvil jòdijou.
> **1.** Il est très compliqué de circuler en (centre) ville de nos jours.
d. Sé dé wou-la k'anni débouché pa nenpòt kikoté.
> **5.** Les deux roues surgissent de n'importe où.

e. Sé moun apyé-la pa ka ba sé vwati-la lè pou yo pasé
> **2.** Les piétons ne laissent pas circuler les voitures.

20. LE COMMERCE POPULAIRE

🔊 22 **1. a.** Si ou fè-mwen vann an ké ni pou vwè kijan an kay pé ranjé sa ba-w.
b. Tala ka parèt plibèl ki sila !
c. An pa konnèt kikoté sé tomat a-w lasa sòti.
d. Pòyò-lasa sòti an jaden an-mwen !
e. Sé pwatann tala sé bon pwatann biyo. Nati ! Nati !

2. a. Konmen liv pwatann-la ?
b. Ki koté yo sòti sé pòyò a-w-lasa ?
c. Té ké fo-mwen on dèmi liv bélanjè é on dèmi liv kawòt.
d. Sa two chè ban-mwen, pli wo sé dé éwo kilo-la.
e. Si ou ka ranjé sa byen ban-mwen, an pé rivé a pran plis.

21. LA GRANDE SURFACE

1. a. Lè an rivé magazen-la pò'ò té ouvè.
b. Koulè-la agou an-mwen mé lajè-la pa ka[1] ay.
c. An ka[2] chèché on jip blé ka bay si vèw.
d. I pa ka[1] pòté dòt ki lenj an koton.
e. An ja éséyé tout sé soulyé-la ponyonn pa agou an-mwen.

🔊 **23 2. a.** Ou ké touvé sa ou ka chèché an réyon a lenj pou fanm.
> **2.** Vous trouverez ce que vous cherchez au rayon vêtements féminins.
b. Nou ka jwenn an réyon a sé fwi é legim-la ?
> **5.** On se retrouve au rayon fruits et légumes.
c. An ka chèché on pè soulyé blé k'ay épi wòb an-mwen.
> **1.** Je cherche une paire de chaussures de couleur bleue qui aille avec ma robe.
d. Di-mwen kijan ou ka touvé-y ! Alòs, i agou a-w ouben awa ?
> **4.** Dis-moi comment tu la trouves ! Alors, elle te plaît ou pas ?
e. Dapré-mwen té ké fo-w éséyé wòb-la avan ou achté-y ?
> **3.** Selon moi tu devrais essayer la robe avant de l'acheter.

22. LA CONSULTATION MÉDICALE

🔊 **24 1. a.** Dòktè-la ba-y on kaché pou si anka doulè-la lévé dèyè-y.
b. Ren a-y ka fè-y mal dèpi i té foukan atè si do.
c. Yo di-y konsa fo i véyé Tansyon a-y.
d. Dèpi konmen tan ou ka soufè konsa épi chivi a-w ?
e. Sansa ou pa ka vwè ayen dòt ka anmègdé-w ?

2. a. Bonjou, ka an pé fè ba-w ?
b. Di-mwen ola sa ka fè-w mal !

c. Dépi détwa jou, an ni mal toupatou é pa yenki an jounou.
d. Woté lenj a-w é lonji-w la !
e. Ou ké pran on kaché si anka doulè-la lévé dèyè-w.

23. LES DÉMARCHES ADMINISTRATIVES

1. a. Ka ou ni ou ka fè konsa ?
b. Dabò pou yonn fo-mwen alé fè-yo woufè papyé an-mwen.
c. Yo toujou ka di-w yo pa ni tan wousouvwè-w.
d. Konsa yé la la, an ké ni pou viré désann dèmen !
e. Lakyès mandé-mwen yonn osi pou bout épi dosyé an-mwen.

🔊 **25 2. a.** Fo-mwen ay Lapòs voyé on koli ba pitit an-mwen.
> **3.** Je dois aller au bureau de Poste expédier un colis à mon gosse.
b. Ola an ké pé jwenn on tenm fiscal kotésit ?
> **5.** Où pourrai-je trouver un timbre fiscal par ici ?
c. Dèpi bonmaten-la, sé onsèl monté é désann i pa ka fin !
> **1.** Depuis ce matin, c'est un va-et-vient sans fin !
d. Yo mandé-mwen menné on jistifikatif a la an ka rété.
> **4.** Ils m'ont demandé d'apporter un justificatif de domicile.
e. Awa, jòd-la mwen an mannè v ! Pa ni tan pou palé !
> **2.** Non, aujourd'hui je suis sur la brèche ! Pas le temps de causer !

24. SITES ET MONUMENTS

🔊 26 1. a. Pa ni ayen tèlkon maché anba bwa pou chanjé lidé a-w.
b. Asi pa anba, ni dèkwa kontanté vant a-yo.
c. Kouté, ban-an di-w sa tibwen, pa ni ayen plibèl ki gwada !
d. Sé vré a-w, kòmdifèt tousa sé si Granntè sa yé nou ké pé ay plaj Sentann.
e. Ansanm an rivé bòdlanmè sé bengné an kay bengné !

2. a. Touris pa ka vin Gwadloup anni pou plaj é solèy.
b. An kòt soulvan ni dèkwa kontanté zyé a-yo é vant a-yo.
c. Moun i pa fizik pa gè enmé maché anba bwa é fè tras.
d. An Granntè sé la ni tout sé bèl plaj a sab blan-la.
e. P'asi Bastè sé sodo é kaskad ou plito ka jwenn.

25. PENSER À RÉSERVER

1. a. Alòs kitan an ka di-yo nou ka rivé ?
b. An té'é pisimyé on lotèl bòdlanmè.
c. Dé lannuit a 50 éwo sa ka fè nou 100 éwo.
d. Nou ké ni tan vwè pou loto-la plito gadé pou bato-la.
e. An touvé on jit annisòf i pa ka bay si lanmè-la.

🔊 27 2. a. An té ké pisimyé on lotèl bòdlanmè.
> 2. J'aurais préféré un hôtel en bord de mer.
b. An touvé on jit ka sanm sa i pa mal. Annisòf, i ka bay si montangn-la.
> 3. J'ai trouvé un gîte qui semble sympa. Excepté que cela donne sur la montagne.
c. Alòs, pou kilè an ka mandé-yo kenbé on chanm ban-nou ?
> 4. Par conséquent, je leur demande de nous réserver une chambre pour quelle heure ?
d. Nou ké ni tan touvé on loto, plito gadé pou sé bato-la.
> 5. Nous aurons le temps de trouver une voiture, renseigne-toi avant tout pour les bateaux.
e. Dé lannuit a 50 éwo lannuit-la épi didiko adan, sa ka fè-nou 100 éwo.
> 1. Deux nuits à 50 euros la nuit avec petit-déjeuner compris, cela nous fait 100 euros.

26. SUR LE LIEU DE VACANCES

🔊 28 1. a. Byenbonjou mésyé zé dam, nou kontan vwè-zòt an jit an-nou ?
b. Pa kyansé kriyé-mwen si anka zòt bizwen on ransèyman.
c. Nou ni ondòt chanm i ja paré, malérèzman i pa ka bay asi lanmè-la.
d. Didiko-la sé anba joupa-la nou ka pwan-y lè nou lévé.
e. Mwen, an k'ay délasi kò an-mwen bò pisin-la.

2. a. Byenbonjou misyé an-mwen, nou kenbé on chanm pou jòdila.
b. Nou pòkò fin paré chanm a-zòt.

c. Nou kontan vwè-zòt an lotèl an-nou é mèsi pou atann a-zòt.
d. Pa kyansé kriyé, kèlkanswa sa zòt bizwen.
e. Didiko-la sé a sétè pou névè anba jou-pa-la.

27. QUE FAIRE CE SOIR

1. a. An pa sav ! Mwen, an té ké enmé ay dansé.
b. Penga ou obliyé vwè lè p'ou antré !
c. Adan sé swaré-lasa sé anni bwè yo konnèt bwè !
d. Ay doudou, lontan nou pa fè on ti-pwonmlé vou é mwen anba lalin-la !
e. Awa, fo an sòti ay maché, ka fè two cho andidan-la !

🔊 **29 2. a.** Ka ou vlé fè oswè-la ? Ou anvi sòti ?
> **4.** Que veux-tu faire ce soir ? Tu as envie de sortir ?
b. É si nou té k'ay manjé dèwò ?
> **5.** Et si nous allions manger à l'extérieur ?
c. An pisimyé rété akaz gadé on pyès siléma ni lontan mwen anvi vwè.
> **1.** Je préfère rester à la maison regarder un film que j'ai envie de voir depuis longtemps.
d. Nou pé ay fè on ti pwonmlé, rèspiré on bon tivan fré.
> **2.** Nous pouvons aller nous balader, respirer un bon p'tit air frais.
e. Sé jé ou ka fè ? alòs ou vin jis isidan pou dòmi ? !
> **3.** Tu plaisantes ? Tu es donc venue jusqu'ici pour dormir ?

28. MANGER DEHORS

🔊 **30 1. a.** Ban-mwen on ji zoranj.
b. Ka ou té ké vlé manjé.
c. Annou manjé adan on vwati a bokit.
d. Ka ou ké pwan pou bwè ?
e. Konmen an ni pou-w ?

2. a. An ké pwan on byè byen fwapé é on bokit mori.
b. Ka i ni pou sa i pa ka manjé vyann ?
c. Ni piman an sòs-la ?
d. An vlé bon zongnon adan tan-mwen.
e. Mwen osi, an ké pwan yonn.

29. PROJETS DE VACANCES

1. a. Paspò-la rivé aprézan sé mandé viza-la ka rété.
b. Mwen, mwenmenm an-mwen an té ké pisimyé ay an kwazyè.
c. Fo an kalkilé ka nou ka fè lanné-lasa é ola nou k'ay.
d. É voumenm a-w ki lentansyon a-w pou grann vakans-la ka vin la ?
e. Nou ja vizité près tout sé lilèt-la dèpi Trinidad jis Sent-Lisi.

🔊 **31 2. a.** Madanm an-mwen té ké enmé nou fè on kwazyè pou Nwèl.
> **5.** Ma femme aimerait que nous fassions une croisière à Noël.
b. Ki pwogram a-zòt pou lanné-lasa ?
> **1.** Quels sont vos projets pour cette année ?

288 Les corrigés des exercices

c. Nou pòkò sav ola nou ké ay lanné-lasa.
> **2.** Nous ne savons pas encore où nous irons cette année.
d. Jòdijou, vwayajé ka kouté onlo lajan.
> **3.** De nos jours, voyager coûte beaucoup d'argent.
e. Konmen tan sa ka pwan pou woufè on paspò ?
> **4.** Combien de temps faut-il pour refaire un passeport ?

30. EMBARQUEMENT IMMÉDIAT

1. a. Ola ou k'ay èvè balan-lasa ?
b. Té ké fo ou pwenté laéwopò avan twazè.
c. Annou bwè on biten vitman-présé.
d. Lè yo pézé bagaj an-mwen yo vwè i té two lou.
e. Sak a-w lasa pé ké ay an kabin-la.

🔊 **33 2. a.** Monté abò-la ka fèt pòt kat é senk.
> **5.** L'embarquement se fait aux portes 4 et 5.
b. Yo di-mwen fo an pwenté an kontwa lanrèjistrèman-la a dézè-d-laprémidi o plita.
> **2.** On m'a dit que je dois me présenter au comptoir d'enregistrement à 14 h maxi.
c. An vin di on zanmi an-mwen ka pwan avyon-la ovwa..
> **4.** Je suis venu dire au revoir à un ami qui prend l'avion.
d. Aprézan, près tout sé péyi-la ka mandé on viza pou vin akaz a-yo.
> **3.** Actuellement, pratiquement tous les pays exigent un visa pour venir chez eux.
e. Valiz an-mwen pa ka pézé ayen, i flo kon pa tini.
> **1.** Ma valise ne pèse rien, elle est légère comme tout !

31. JEUX D'ANTAN ET D'AUJOURD'HUI

1. a. Sòti dèwò ay fè on biten èvè kò a-w.
b. Lè pa té ni lékòl yo té ka pasé tan a-yo dèwò-la.
c. An pa sav ola an kay touvé on lajan.
d. Fè jaden sé on bèl dézannuiyans.
e. Fo ou sav jòdijou toutbiten chanjé.

🔊 **33 2. a.** Sòti i sòti lékòl sé adan sé jé vidéo-la i ka anni tonbé.
> **2.** Sitôt sorti de l'école il se jette directement sur les jeux vidéos.
b. Lè nou té piti, nou té ka jwé mab, touné toupi é filé sèvolan.
> **1.** Quand nous étions petits, nous jouions aux billes, à la toupie et au cerf-volant.
c. Aprézan-la ni twòp vyolans é délenkans ! Ou pé pa lagé timoun a-w andèwò kon avan !
> **5.** Maintenant il y a trop de violence et de délinquance ! On ne peut plus laisser son enfant dehors comme autrefois.
d. Mwen, dézannuyans pisimyé an-mwen sé ay bòdlanmè-la fè on koul pèch.
> **3.** Moi, mon passe-temps favori c'est d'aller en bord de mer faire une partie de pêche.
e. Jòdijou sé timoun-la pa fizik menm. Yo fèmé an chanm a-yo dèyè on òwdinatè toutlajouné.
> **4.** De nos jours les enfants ne sont pas sportifs du tout ! Ils sont enfermés dans leur chambre toute la journée derrière un ordi.

MÉMO GRAMMAIRE & CONJUGAISON

COMPTER

LES CHIFFRES ET LES NOMBRES

0	zéwo	20	ven
1	yonn	30	trant
2	dé	40	karant
3	twa	50	senkant
4	kat	60	swasant
5	senk	70	swasanndis
6	sis	80	katrèven
7	sèt	90	katrèvendis
8	uit	100	san
9	nèf	600	sisan
10	dis	1000	mil

À l'exception de 1 qui se dit **yonn**, *aucun* **ponyonn**, *primo* **dabòpouyonn** ; et 11 qui se dit **wonz**, toutes les dizaines + 1 se terminent en « en » : **ventéen**, **trantéen**, **karantéen**, **senkantéen**, etc …

QUELQUES UNITÉS

→ L'âge : **laj**

On demande l'âge en posant cette question : **Ki laj ou ka fè ?** *Quel est ton âge ?*
Et la réponse est par exemple : **Ké ban-mwen karanndé lanné.** *J'aurai 42 ans.*
Ou encore : **An ni karandézan.** *J'ai 42 ans.*
Il suffit donc d'utiliser le tableau ci-dessus et d'ajouter **lanné** ou **an** avec ou sans faire la liaison pour éviter l'euphonie : **Ka ban-mwen katrèven lanné ou an ni katrèventan.** *J'ai 80 ans.*

→ L'argent : **lajan**

On demande combien on doit : **Konmen lajan an ni ba-w ?** *Combien vous dois-je ?*
Et la réponse est : **Sa ka fè-w douz éwo.** *Cela fait douze euros.*
On utilise ici aussi le tableau des nombres, mais il faut éviter une liaison malheureuse qui ferait dire **zéwo**. Par exemple **kenz éwo** et non **kenz zéwo**.

→ Le poids : **pwa**
À la question : **Konmmen ou ka pézé ?** ou **Ou ka fè ki pwa ?** *Quel est votre poids ?*
La réponse pourrait être : **An ka pézé swasantdouz kiko** ou **An ka fè swanntdouz kilo**. *Je pèse 72 kilos.*
Variante : certaines personnes pourront faire une liaison avec **ann** et pas avec **ant** :
Swasanndouz, karanndé, senkannkat etc…

→ L'heure : **lè**
L'heure se dit comme en français à quelques ajustements phonologiques près : **sétè é dimi**, *sept heures et demie* ; **uitè mwenlka**, *huit heures moins le quart* ; **midi** !
Dans le langage parlé, on précise le moment de la journée : **sétè-d-maten**, *sept heures du matin* ; **twazè-d-laprémidi**, *trois heures de l'après-midi* ; **névè-d-swa**, *neuf heures du soir.*
Comme en français, on dira pour 12 h 30 **midi é dimi** ou **minui é dimi**, 12h15 **midi é ka** ou **minui é ka**.

■ LES PRONOMS PERSONNELS

Pronom personnel sujet	Pronom personnel placé avant le verbe	Pronom personnel complément	Pronom personnel placé après le verbe
français	créole	français	créole
je	**an**	*me*	**-mwen**
tu	**ou**	*te*	**-w**
il/elle	**i**	*le/la/lui*	**-y, li**
nous	**nou**	*nous*	**-nou**
vous	**zòt**	*vous*	**-zòt**
ils/elles	**yo**	*les/leur*	**-yo**

Exemple : **Tousa yo ka mandé-mwen an ka ba-yo li.** *Tout ce qu'ils me demandent, je le leur donne.*

■ LES PRONOMS INTERROGATIFS

français	créole
qui	**kimoun**
que	**ka**
quoi	**ka**
quand	**kitan**
comment	**kijan**
où	**ola, kikoté**
combien	**konmen, a konmen**
lequel/laquelle/lesquel (le)s	**kilès**

Exemples :

Ba kimoun ? *Pour qui ?*
Èvè kimoun ? *Avec qui ?*
Aka kimoun ? *Chez qui ?*

■ PETIT MÉMO DE CONJUGAISON

Temps, Mode et Aspect se construisent avec des particules préverbales.

1. Verbes réguliers

Ils se construisent avec la particule **ka** pour tout aspect continu.

Temps correspondant en français	Modalités (particules préverbales)	Verbe français *parler*	Verbe créole **palé**
Présent (continu)	**ka**	je parle	**an ka palé**
Passé accompli (simple, composé)	**ø**	je parlai j'ai parlé	**an palé**
Plus-que-parfait	**té**	j'avais parlé	**an té palé**
Imparfait	**té + ka = té ka**	je parlais	**an té ka palé**
Futur simple	**ké**	je parlerai	**an ké palé**
Futur continu	**ké +ka = ké ka**	je serai en train de parler	**an ké ka palé**
Conditionnel	**té + ké = té ké**	je parlerais	**an té ké palé**
Conditionnel continu	**té + ké + ka** **= té ké ka**	j'aurais été en train de parler	**an té ké ka palé**

• La forme négative se fait avec la négation **pa** placée avant toute particule préverbale. **Yo pa ka palé.** *Ils/elles ne parlent pas.*

• Sauf au futur simple où **pé** remplace **pa** : **Nou pé ké palé.** *Nous ne parlerons pas.*

2. Verbes irréguliers

Ils se construisent sans **ka** pour tout aspect continu) : *être* Ø, *avoir* **tini**, *savoir* **sav**, *connaître*, **konnèt**, *pouvoir* **pé**, *vouloir* **vlé**, *aimer* **ennmé**, *haïr* **hay**, *préférer* **pisimyé**.

Temps correspondant en français	Modalités (particules préverbales)	Verbe français *parler*	Verbe créole **palé**
Présent	Ø	j'ai	**an tini**
Passé	té	j'eus, j'ai eu	**an té tini**
Plus-que-parfait	té	j'avais eu	**an té tini**
Imparfait	té	j'avais	**an té tini**
Futur	ké	j'aurai	**an ké tini**
Futur continu	ké	je serai en train d'avoir	**an ké tini**
Conditionnel	té + ké = té ké	j'aurais	**an té ké tini**
Conditionnel continu	té + ké = té ké	je serais en train d'avoir	**an té ké tini**

• La forme négative se fait comme précédemment : *Je n'ai pas.*
• **An pé ké tini.** *Je n'aurai pas.*

Exemples : **Nou té ké enmé tini on bèl kaz.** *Nous aimerions avoir une belle maison.* **Si an té tini lajan an té ké achté on bèl loto.** S*i j'avais de l'argent j'achèterais une belle voiture.*

Conception graphique, couverture et intérieur : Sarah Boris
Ingénieur du son : Léonard Mule @ Studio du Poisson Barbu

© 2018, Assimil - www.assimil.com
Dépôt légal : août 2018
N° d'édition : 4430 - janvier 2025
ISBN : 978-2-7005-0934-2
www.assimil.com

Imprimé en République tchèque par PBtisk